Duden

Kurz geübt & schnell kapiert

Matheheft

7. Klasse

Dudenverlag
Berlin

Lernplan von _____

	Seite	**Prozent- und Zinsrechnung**	bearbeiten am	☹ 😐 🙂	↻ ✔
1	4	Anteile und Prozente		😐	
	6	Prozentsatz		😐	
	8	Prozentwert		😐	
	10	Grundwert		😐	
	12	Diagramme		😐	
	14	Sachaufgaben		😐	
	16	Zinsen		😐	
2	Seite	**Zuordnungen**	bearbeiten am	☹ 😐 🙂	↻ ✔
	18	Zuordnungen		😐	
	20	Proportionale Zuordnung		😐	
	22	Dreisatz		😐	
	24	Graphen		😐	
	26	Umgekehrt proportionale Zuordnung		😐	
	28	Dreisatz		😐	
	38	Sachaufgaben		😐	

3	Seite	**Rationale Zahlen**	bearbeiten am	☹ 😐 🙂	↺ ✔
	40	Darstellen und vergleichen		😐	
	42	Addieren und subtrahieren		😐	
	44	Multiplizieren und dividieren		😐	
	46	Verbindung der Rechenarten		😐	
4	Seite	**Terme mit Variablen, Gleichungen**	bearbeiten am	☹ 😐 🙂	↺ ✔
	48	Terme aufstellen		😐	
	50	Terme vereinfachen		😐	
	52	Terme mit Klammern		😐	
	54	Gleichungen aufstellen und lösen		😐	
	56	Gleichungen lösen durch Umformen		😐	
	58	Textaufgaben		😐	
5	Seite	**Geometrie**	bearbeiten am	☹ 😐 🙂	↺ ✔
	60	Winkelsätze		😐	
	62	Winkelsumme im Dreieck		😐	
	29	**Lösungen**			

Anteile und Prozente

Die Angaben 1 %, 10 %, 30 % heißen **Prozentsätze**. Sie können als Bruch mit dem Nenner 100 und als Dezimalbruch geschrieben werden.

$$1\% = \frac{1}{100} = 0{,}01$$

❶ Gib den Anteil der gefärbten Flächen in Prozent an.

a)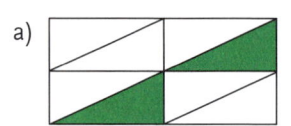

_____ %

b)

_____ %

c)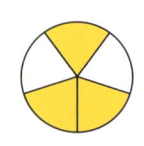

_____ %

d)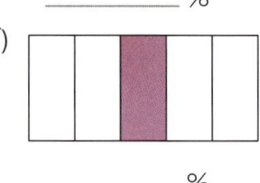

_____ %

e)

_____ %

f)

_____ %

6

❷ Schreibe den Dezimalbruch als Hundertstelbruch und gib ihn in Prozent an.

a) $0{,}13 = \dfrac{}{100} =$ _____ % $0{,}1 =$ _____ $0{,}20 =$ _____

b) $0{,}09 =$ _____ $0{,}01 =$ _____ $0{,}77 =$ _____

c) $0{,}375 = \dfrac{37{,}5}{100} =$ _____ $0{,}764 =$ _____ $0{,}034 =$ _____

9

❸ Verwandle zuerst in einen Bruch mit dem Nenner 100, dann in einen Dezimalbruch und gib an, wie viel Prozent das sind.

$\dfrac{7}{10} = \dfrac{70}{100} = 0{,}7 = 70\%$ $\dfrac{13}{20} =$ _____ $\dfrac{17}{25} =$ _____

$\dfrac{3}{4} =$ _____ $\dfrac{1}{5} =$ _____ $\dfrac{36}{300} =$ _____

5

❹ Schreibe als Bruch und kürze.

a) $10\% =$ _____ $60\% =$ _____ $25\% =$ _____

b) $20\% =$ _____ $75\% =$ _____ $12{,}5\% =$ _____

6

5 Deniz und Syndi üben beim Tennistraining den Aufschlag. Die erreichten Treffer haben sie notiert. Deniz behauptet: „Mein Ergebnis ist besser." Stimmt das? Berechne Syndis Treffer in Prozent und trage sie in die Tabelle ein.

	Deniz	Syndi
Versuche	80	64
Treffer	56	48
Anteile in Prozent	70 %	

Rechnung: Treffer für Deniz: Treffer für Syndi: _____

$$\frac{56}{80} = \frac{7}{10} = \frac{70}{100} = 70\%$$ _____

Antwort: _____ | 2 |

6 Gib die folgenden Anteile als Bruch und in Prozentschreibweise an.

Das Ganze	60	24	36	100	16	40
Der Teil	30	6	27	70	4	4
Der Anteil	$\frac{30}{60}$					
Prozent	50 %					

| 5 |

7 Was bedeuten diese häufig auftretenden Prozentangaben?

75 % vom Ganzen bedeutet dasselbe wie _____ vom Ganzen.

50 % vom Ganzen bedeutet dasselbe wie _____ vom Ganzen.

25 % vom Ganzen bedeutet dasselbe wie _____ vom Ganzen.

20 % vom Ganzen bedeutet dasselbe wie _____ vom Ganzen.

10 % vom Ganzen bedeutet dasselbe wie _____ vom Ganzen.

$33\frac{1}{3}$ % vom Ganzen bedeutet dasselbe wie _____ vom Ganzen.

1 % vom Ganzen bedeutet dasselbe wie _____ vom Ganzen. | 7 |

5

Prozentsatz

Grundwert G = das Ganze	$G = \dfrac{W \cdot 100}{p}$
Prozentwert P = Teil des Ganzen	$W = \dfrac{p \cdot G}{100}$
Prozentsatz p % = Anteil am Ganzen	$p\,\% = \dfrac{W}{G}$

★ **1** Suche aus den folgenden Angaben jeweils den Grundwert G und den Prozentwert W und fülle die Tabelle aus. Runde auf 2 Nachkommastellen.

a) In der Klasse 7a haben von 30 Schülern 12 die Note 3 in der letzten Mathematikarbeit geschrieben.

b) In der Klasse 7b sind 32 Schüler. Hier haben 10 Schüler die Note 3 geschrieben.

c) In der Klasse 7c sind es 8 Schüler, die von insgesamt 28 Schülern die Note 3 geschrieben haben.

Klasse	Gesamtzahl G	Anzahl mit Note 3 W	Anteil W : G	Prozentsatz p %
7a				
7b				
7c				

> 3

2 Berechne den Prozentsatz im Kopf.

a) 15 von 100 = _____   b) 44 von 200 = _____   c) 21 von 200 = _____

d) 55 von 250 = _____   e) 4,5 von 5 = _____   f) 15 von 75 = _____

> 6

3 Berechne auf zwei Stellen nach dem Komma und gib den Prozentsatz an.

a) 68 m von 522 m = _____ = _____ %

b) 77 kg von 102 kg = _____ = _____ %

c) 5 cm von 17 cm = _____ = _____ %

> 3

4 Ein Liter Dieselkraftstoff kostete vor zwei Tagen
138 ct. Jetzt kostet er 4 ct mehr.
Gib die Preiserhöhung in Prozent an und runde.

G = _____   W = _____   p % ≈ _____   ☐ 1

5 Von 340 Schülern nahmen 76 an einem Chemie-Wettbewerb teil.

a) Berechne die Anteile in Prozent.

G = _____   W = _____   p % ≈ _____

b) Wie viel Prozent der Schüler nahmen nicht teil? _____   ☐ 2

★ **6** Frau Fleißig verdient monatlich 2 100 € (netto). Davon braucht sie insgesamt
1 903 € für ihren Lebensunterhalt. Darin enthalten ist die Miete von 572,70 €.

a) Wie viel Prozent des Gehalts braucht sie für ihren Lebensunterhalt?

G = _____   W = _____   p % ≈ _____

b) Wie viel Prozent des Lebensunterhalts entfallen auf die Miete?

G = _____   W = _____   p % ≈ _____

c) Gib an, wie viel Prozent die Miete vom Nettogehalt ausmacht.

G = _____   W = _____   p % ≈ _____

d) Fasse die Ergebnisse in einer Antwort zusammen.

_____

_____

_____   ☐ 4

1

7

 ☐   19 – 15
Punkte    14 – 10
Punkte    9 – 0
Punkte   ☐ Gesamt-
punktzahl

Prozentwert

1 Rechne im Kopf.

a) 10% von 320 = _____   1% von 500 = _____   50% von 17 = _____

b) 25% von 180 = _____   5% von 40 = _____   7% von 400 = _____ | 6 |

2 Zwei Klassen 7 haben bei einem Schulfest zusammen 810 € eingenommen.
Sie haben beschlossen, 70% des Geldes zu spenden.
Berechne den Spendenbetrag mit dem Dreisatz.

100%   sind   810 €

  1%   sind $\frac{810}{100}$ €

70%   sind $\frac{810 \cdot 70}{100}$ € = _____ €

Prozent	Spende
100%	810 €
1%	
70%	

Antwort: _____ | 4 |

3 Ein Getränk hat einen Fruchtanteil von 40%. Wie viel ml Fruchtanteil sind
jeweils in 1 l enthalten? (1 l = 1 000 ml)
Berechne mit dem Dreisatz. Schreibe wie in Aufgabe 2.

Antwort: _____ | 4 |

4 Mario hat im Laufe des Tages 120 g Brot, 15 g Wurst, 25 g Butter, 100 g Rindfleisch, 60 g Ei und 15 g Walnüsse verzehrt. Überprüfe, wie viel Fett Mario zu sich genommen hat.

		Fett	Fettgehalt der Lebensmittel:	
1 % von _____ g Brot		_____ g	Brot	1 %
41 % von _____ g Wurst		_____ g	Butter	80 %
____ von _____ g Butter		_____ g	Wurst	41 %
____ von _____ g Rindfleisch		_____ g	Ei	10 %
____ von _____ g Ei		_____ g	Rindfleisch	19 %
____ von _____ g Walnüssen		_____ g	Walnüsse	63 %

Summe: _____ g

Antwort: _____ | 6 |

5 Der Ohrenarzt stellt fest: „35 % der 180 untersuchten Jugendlichen waren schwerhörig." Bestimme die Anzahl der Jugendlichen mit Gehörschäden.

a) Berechne in der Tabelle.

b) Veranschauliche dies in einem Streifendiagramm. (100 % ≙ 5 cm)

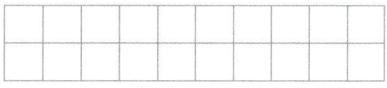

Antwort: _____ | 4 |

9

Grundwert

1 Rechne im Kopf. Wie viel sind 100 %?

a) 10 % sind 60 €; 100 % sind _____.

b) 20 % sind 45 kg; 100 % sind _____.

c) 1 % sind 5,6 m; 100 % sind _____.

d) 75 % sind 300 €; 100 % sind _____.

2 Berechne.

Prozentwert	Prozentsatz	Grundwert
10,8	24 % = *0,24*	*10,8 : 0,24 = 45*
34,64	8 % =	
108	27 % =	
4,36	4 % =	

3 Maria wirft jeden Monat 5 % ihres Taschengeldes in ihr Sparschwein.
Das sind 2,50 € im Monat. Wie viel Taschengeld bekommt sie im Monat?

W = _____   p % = _____   G = ?

Fülle die Tabelle aus.

	Prozentsatz	
	5 %	
: 5	1 %	
· 100		

Antwort: _____

1

4 Eine Fahrradkontrolle ergab, dass von den überprüften Rädern 234 Räder erhebliche Mängel aufwiesen. Das waren 12 % der kontrollierten Räder. Wie viele Räder wurden überprüft?

a) Berechne mit dem Dreisatz.

_____

_____

_____

b) Mit der Formel $G = W \cdot \frac{100}{p}$

$G =$ _____

_____

Antwort: _____ | 3 |

5 Berechne den Neuwert der angebotenen Modelle.

Modell	Neupreis	Angebotspreis
Sprinter		306 €
Super		612 €
Radler		189 €

| 3 |

★ **6** In der Winterzeit wirbt Fahrrad-Jahn mit folgendem Angebot: „Wir geben für ein City-Bike 15 % Rabatt. Sie sparen beim Kauf 132 €."

a) Wie viel kostete das Rad ursprünglich?

$W =$ _____ $p =$ _____ $G = W \cdot \frac{100}{p} =$ _____

Antwort: _____

b) Wie viel soll es jetzt kosten?

Rechnung: _____

Antwort: _____ | 3 |

11

 | | **19 – 15 Punkte**    **14 – 10 Punkte**    **9 – 0 Punkte**    | | **Gesamtpunktzahl**

Diagramme

1 Wie viel Prozent der Kreisfläche sind bei a) gefärbt? Färbe anschließend 65 % des Rechtecks b).

a)

b)

_____

`3`

2 Die Kosten für einen Klassenausflug betragen 250 €
pro Person. Sie setzen sich aus 95 € für Übernachtungen,
72,50 € für die Busfahrt und 82,50 € für Verpflegung
zusammen. Berechne die prozentualen Anteile und stelle
sie in einem Streifendiagramm dar.

Kosten in Euro	Anteile in %
95	
72,50	
82,50	

`4`

3 Der deutsche Pro-Kopf-Verbrauch an Getränken liegt bei durchschnittlich 600 l jährlich.

a) Wie viel Prozent davon sind:

78 l Milch: _____ %   156 l alkoholische Getränke: _____ %

204 l Kaffee/Tee: _____ %   162 l Säfte: _____ %

b) Stelle die Prozentverteilung in einem Streifendiagramm dar.

`7`

★ **4** **Protokoll zur Fahrzeugzählung**

Kreuzung: Augustaplatz; Zeit: 14.30 bis 15.30 Uhr	Anzahl	Prozent
Pkw ‖‖ ‖‖ ‖‖ ‖‖ ‖‖ ‖‖ ‖‖ ‖‖ ‖‖ ‖‖ ‖‖ ‖‖ ‖‖ ‖‖ ‖‖ ‖‖ ‖‖ ‖‖ ‖‖ ‖		≈
Lkw ‖‖ ‖‖ ‖‖ ‖‖ ‖‖ ‖‖ ‖‖ ‖‖ ‖		≈
Mofas ‖‖ ‖‖ ‖‖ ‖‖ ‖‖ ‖‖ ‖‖ ‖‖		≈
Fahrräder ‖‖ ‖‖ ‖‖ ‖‖ ‖		≈
Summe:		

a) Wie viel Prozent aller Fahrzeuge entfallen auf die jeweilige Fahrzeugart? Runde auf ganze Prozent.

b) Stelle die Prozentverteilung für die einzelnen Fahrzeuge in dem Kreisdiagramm dar.
Hinweis: 10 % entsprechen einem Mittelpunktswinkel von 36°.

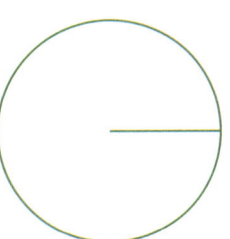

5

★ **5** **Die Waldfläche in Deutschland beträgt etwa 10 400 000 ha.**

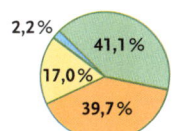

2,2 %
41,1 %
17,0 %
39,7 %

 Nicht geschädigt   **Stufe 1**   **Stufe 2**   ○ **Stufe 3**

a) Wie viele ha des Waldes sind noch nicht geschädigt?

W = _____ ha

b) Wie viele ha entfallen auf die einzelnen Schadstufen?

$W_{Stufe\ 1}$ = _____ ha $W_{Stufe\ 2}$ = _____ ha $W_{Stufe\ 3}$ = _____ ha   4

  23 – 19 Punkte    18 – 13 Punkte    12 – 0 Punkte     Gesamt- punktzahl

Sachaufgaben

1 Bei der Wahl zum Klassensprecher ergaben sich für das 7. Schuljahr die folgenden Ergebnisse.

7a: Noah bekam 24 von 32 Stimmen = _____ %

7b: Christian bekam 20 von 25 Stimmen = _____ %

7c: Clara bekam 21 von 30 Stimmen = _____ % | 3 |

2 Bei einer Geschwindigkeitskontrolle hatten von 240 kontrollierten Fahrzeugen 84 die zulässige Höchstgeschwindigkeit überschritten. Wie viel Prozent der kontrollierten Fahrzeuge waren das?

a) Rechne mit dem Dreisatz.   b) Rechne mit der Formel.

_____   _____

_____   _____

_____   Antwort: _____ | 3 |

3 Rechne mit der Formel.

a) Um wie viel Prozent ist das rote Lineal länger als das blaue Lineal?
b) Um wie viel Prozent ist das blaue Lineal kürzer als das rote Lineal?

a) _____   b) _____

um _____ % länger   um _____ % kürzer | 2 |

4 Paul will ein Moped für 920 € kaufen. Der Händler bietet ihm bei Barzahlung einen Rabatt von 3 %. Was müsste er dann bezahlen?

W = _____   Der Rabatt beträgt _____ €.

Paul müsste _____ € bezahlen. | 2 |

5 Pro Schuljahr gibt es 75 Ferien- und 176 Schultage. Runde auf ganze Prozent.

a) Wie viel Prozent sind das jeweils?

Rechnung: _____

b) Stelle das Ergebnis in einem Streifendiagramm dar.

2

★ **6** Trage das Ergebnis der Aufgabe A in das mit A gekennzeichnete Kästchen ein. Notiere ebenso die anderen Ergebnisse. Die Summe der 3 Ergebnisse auf jeder Geraden muss 100 ergeben.

Aufgabe	G	p	W
A	24		1,56
B	312,5	4	
C		70	56,70
D		32	3,68
E	11 000		264
F		30	24,6
G	200	0,7	
H	207,5	8	

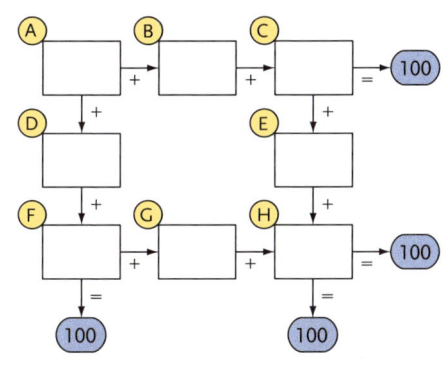

$$p = \frac{W}{G} \cdot 100 \quad W = G \cdot \frac{p}{100} = G \cdot p\%$$

$$G = W \cdot \frac{100}{p} = \frac{W}{p\%}$$

9

7 Der Februar hat 28 Tage. An 7 Tagen schneite es. Wie viel Prozent Schneetage waren das?

Rechnung: _____

Antwort: _____

2

15

Zinsen

Zinsen kannst du mithilfe der **Prozentrechnung** berechnen.

1 Ordne die Begriffe „Zinsen", „Kapital" und „Zinssatz" richtig zu.

	Prozentrechnung	Zinsrechnung
Die Bank zahlt 5 % Zinsen ab 1 500 € Spareinlage.	Grundwert →	
	Prozentwert →	
	Prozentsatz →	

`3`

2 Herr Sportlich zahlt beim Kauf seines Sportwagens 34 380 € an. Für den Rest des Kaufpreises nimmt er einen Kredit über 14 000 € zu einem Zinssatz von 8,4 % auf. Nach einem Jahr hat er den Kredit zurückgezahlt.

a) Wie viele Zinsen muss er für ein Jahr zahlen? Rechne mit dem Dreisatz.

100 % → _____ €

1 % → _____ €

8,4 % → _____ €

b) Wie viel kostet ihn das Auto tatsächlich?

Kaufpreis: _____ €

Zinsen: _____ €

Gesamt: _____ €

Schlussfolgerung: _____

_____

`3`

3 Wie groß ist das Kapital eines Unternehmers, wenn er 7 500 € Jahreszinsen erhält und die Bank 5 % Zinsen zahlt?

p % = _____   Z = _____   K = Z : p %

Setze die Werte in die Formel ein.   K = _____ = _____

Antwort: _____

`2`

★ **4** **Beantworte die folgenden Fragen:**

a) Wie hängen die Zinsen bei gleichem Zinssatz vom Kapital ab?

b) Wie hängen die Zinsen bei gleichem Kapital vom Zinssatz ab?

Kapital	Zinssatz	Zinsen
1 500 €	3,5 %	
2 000 €	3,5 %	
3 000 €	3,5 %	
4 000 €	3,5 %	

Kapital	Zinssatz	Zinsen
1 200 €	2 %	
1 200 €	4 %	
1 200 €	6 %	
1 200 €	8 %	

Bei doppeltem **Kapital** sind die

Zinsen _____ so hoch.

Bei dreifachem Kapital sind die

Zinsen _____ so hoch.

Bei doppeltem **Zinssatz** sind die

Zinsen _____ so hoch.

Bei dreifachem Zinssatz sind die

Zinsen _____ so hoch.

| 8 |

5 **Frau Sparsam und Herr Reich haben einen Teil ihrer Ersparnisse in Sparbriefen angelegt.**

Frau Sparsam		Herr Reich
*	a) Wer von beiden bekommt nach einem Jahr mehr Zinsen ausgezahlt?	*
SCHATZBRIEF		SCHATZBRIEF
*		*
über	b) Wie hoch ist der Gesamt-betrag, den jeder beim Verkauf des Sparbriefes nach einem Jahr erhält?	über
9 250 €		**12 000 €**
7,25 % Zinsen		**5,4 % Zinsen**

a) Zinsen: _____ € Zinsen: _____ €

b) Gesamtbetrag: _____ € Gesamtbetrag: _____ €

| 4 |

  20 – 16 Punkte  15 – 11 Punkte  10 – 0 Punkte  Gesamt-punktzahl

Zuordnungen

Eine **Zuordnung** weist jedem Wert aus einem Bereich (1. Größe) einen
Wert aus einem anderen Bereich (2. Größe) zu.

1 **Werte die Anzahl der Regentage in Neapel von März bis Dezember aus.**

Monat	M	A	M	J	J	A	S	O	N	D
Regentage	10	8	6	5	2	2	7	8	8	10

a) Wann regnet es am meisten, wann am wenigsten?

_____

b) Zeichne die Zuordnung in ein Säulendiagramm und schreibe in die
Säulen die Abkürzungen für die Monate.
Hinweis: Die 1. Größe
wird auf der x-Achse,
die 2. Größe auf der
y-Achse abgetragen.

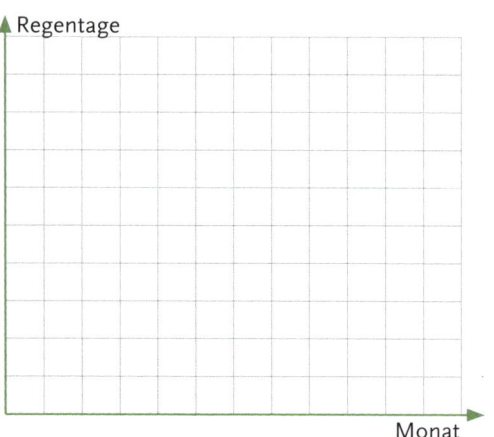

3

2 **Die Post ordnet dem Gewicht eines Briefes ein Porto zu.**
Fülle die Tabelle aus.

	Gewicht in g	Porto in €
Standardbrief	bis 20 g	0,58
Kompaktbrief	bis 50 g	0,90
Großbrief	bis 500 g	1,45
Maxibrief	bis 1 kg	2,40

Gewicht in g	40	80	160	200	600
Porto in €					

5

★ **3** Das Koordinatensystem „berichtet" über eine Radtour.

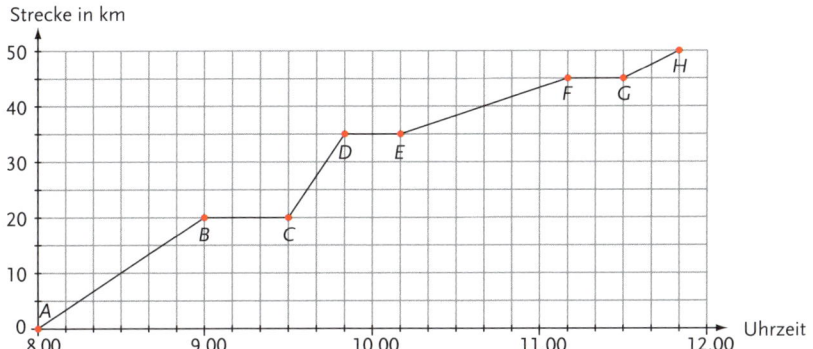

a) Wie lang war die zurückgelegte Strecke $\overline{AH}$? $\overline{AH} =$ _____ km

   Wie lange dauerte die Tour? _____ h _____ min

b) Wann wurden Pausen gemacht, und wie lange dauerten diese?

   1. Pause: _____ Uhr   2. Pause: _____ Uhr   3. Pause: _____ Uhr

   Dauer: _____ min   Dauer: _____ min   Dauer: _____ min

c) Auf welchem Streckenabschnitt wurde

   am langsamsten gefahren? _____

   am schnellsten gefahren? _____

d) Wie viel Zeit wurde für folgende Strecken benötigt?

   $\overline{AB}$: _____ min $\overline{CD}$: _____ min $\overline{GH}$: _____ min   `4`

e) Ergänze die Tabelle.

Uhrzeit	8.00	9.00	9.50	10.40	11.10	11.50
Strecke in km	0					

`2`

19

 14 – 11 Punkte
 **10 – 7 Punkte**
 **6 – 0 Punkte**
 **Gesamt-punktzahl**

Proportionale Zuordnung

1 **Was versteht man unter einer proportionalen Zuordnung?**

_____ | 1 |

2 **In der Tabelle ist eine proportionale Zuordnung dargestellt.**

a) Ergänze die fehlenden Werte.

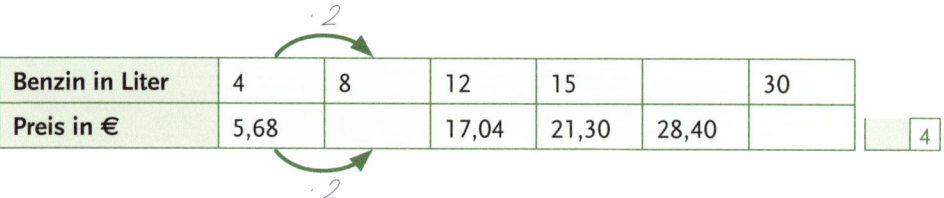

Benzin in Liter	4	8	12	15		30
Preis in €	5,68		17,04	21,30	28,40	

| 4 |

b) Was gilt für den Preis, wenn die Anzahl der Liter verdoppelt, verdreifacht wird?

_____ | 1 |

3 **Berechne die fehlenden Werte für die proportionale Zuordnung.**

a) Anzahl → Preis

Anzahl Flaschen	4	2	12	15
Preis in €	19,20			

| 3 |

b) Gewicht → Preis

1 kg	2 kg	3 kg	4 kg	5 kg
1,20 €				

c) Volumen → Gewicht

1 cm³	2 cm³	3 cm³	4 cm³	5 cm³
0,23 g				

| 2 |

20

4 Ein Flieger verliert im Landeanflug 10 m an Höhe und überfliegt dabei 200 m Landebahn.

a) Vervollständige die Tabelle.

Höhe in m	10	20	30	40	50	60
Bodenstrecke in m	200					
Gleitverhältnis						

b) Welche Strecke überfliegt er insgesamt, wenn er sich in 60 m Höhe befindet?

Antwort: _____

c) Berechne für jedes Wertepaar das Gleitverhältnis, indem du die Höhe durch die Bodenstrecke dividierst. Was fällt dir auf?
(Hinweis: Das Gleitverhältnis beschreibt die Gleiteigenschaft eines Flugzeugtyps.)

Antwort: _____ | 5 |

> Bei einer **proportionalen** Zuordnung sind die **Quotienten** der einander zugeordneten Werte **gleich**.

★ **5** Ergänze die Tabelle mithilfe der Quotientengleichheit.

Anzahl	1	12		22		30	
Preis in €	0,20		3,40		5,60		6,80
Quotient							

| 6 |

21

Dreisatz

1 **Im Supermarkt kosten 6 Bio-Eier 1,38 €. Wie viel kosten 4 Eier?**
Ergänze.

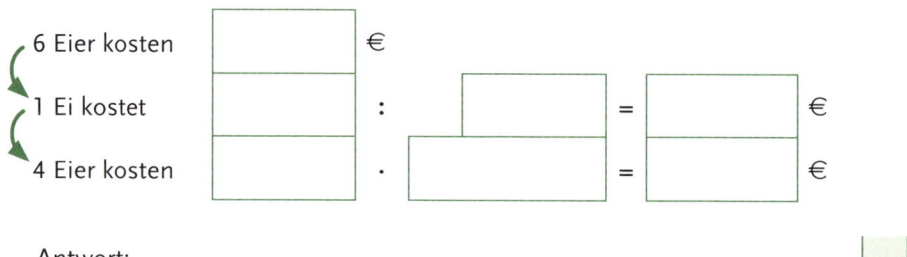

6 Eier kosten ☐ €

1 Ei kostet ☐ : ☐ = ☐ €

4 Eier kosten ☐ · ☐ = ☐ €

Antwort: _____ ☐ 2

2 **Zwei Liter Öl werden zum Preis von 14,80 € angeboten.**

a) Für einen Ölwechsel benötigt Herr Schnittich 3,5 l Öl. Wie viel muss er
dafür bezahlen?

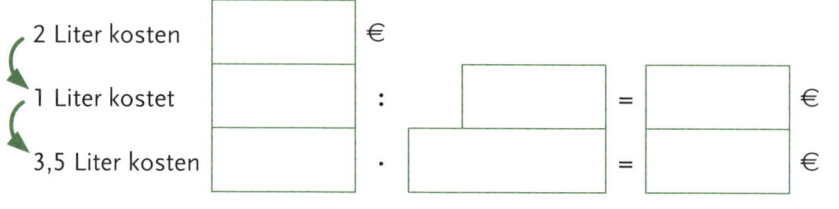

2 Liter kosten ☐ €

1 Liter kostet ☐ : ☐ = ☐ €

3,5 Liter kosten ☐ · ☐ = ☐ €

Antwort: _____ ☐ 2

b) Herr Sportlich benötigt für seinen Sportwagen 4,3 l „Öl-Extra",
das zum Preis von 33,90 € für 3 l angeboten wird. Wie viel muss er
zahlen?

_____

_____ = _____

_____ = _____

Antwort: _____ ☐ 2

3 Ein Wasserhahn tropft. In 2 Tagen werden dadurch 24,8 l Wasser vergeudet.
Wie hoch ist der Wasserverlust in einer Woche?

_____

_____ = _____

_____ = _____

Antwort: _____ [2]

2

★ **4** **Berechne die Grundstückspreise
für die Grundstücke der
Größen II und III.**

Aus dem Lageplan
kannst du alle notwendigen
Angaben entnehmen.
Der Preis pro m² ist bei allen
Grundstücken gleich.

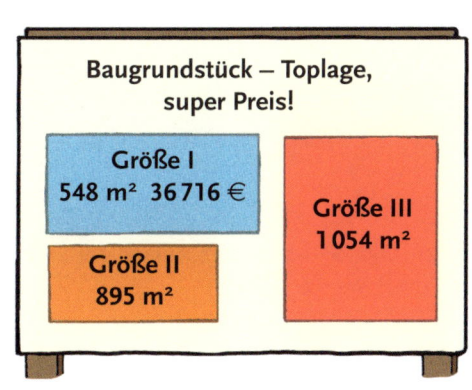

**Baugrundstück – Toplage,
super Preis!**

Größe I
548 m² 36 716 €

Größe III
1 054 m²

Größe II
895 m²

a) Größe II: _____ €

_____ = _____ €

Antwort: _____ [2]

b) Größe III: _____ €

_____ = _____ €

Antwort: _____ [2]

23

 12 – 10
Punkte
 9 – 6
Punkte
 5 – 0
Punkte
 Gesamt-
punktzahl

Graphen

1 Paul kauft 3 T-Shirts, Noah 2, Familie Groß 5, die Klasse 7c 9 und die Klasse 7d 12. Vervollständige die Tabelle und trage die Wertepaare als Punkte in das Koordinatensystem ein.

Anzahl	Preis in €
2	
3	
5	
9	
12	

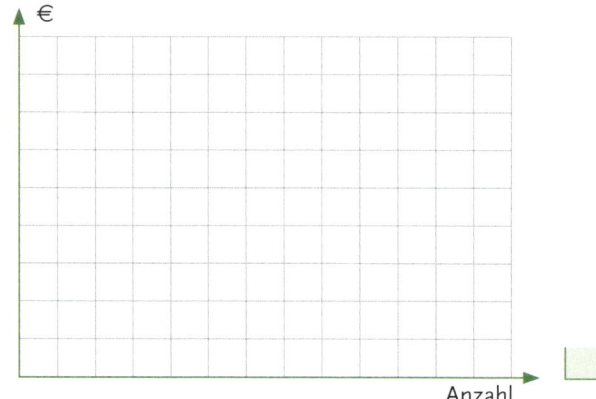

4

★ **2** Ein Liter „Diesel" kostet aus Anlass der Eröffnung einer Tankstelle nur 0,90 €.

a) Vervollständige die Tabelle.

Menge in l	5	10	15	20	25
Preis in €					

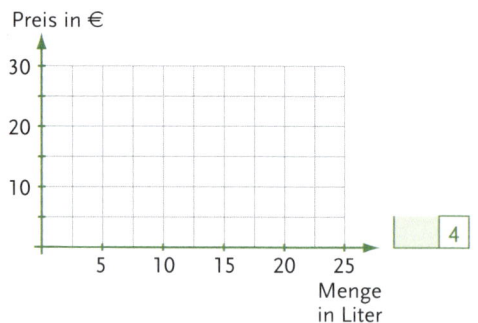

b) Trage die Wertepaare in das Koordinatensystem ein und verbinde die Punkte mit einer geraden Linie.

c) Berechne.

12 l kosten _____ €   Für 23 € bekommt man _____ l

18 l kosten _____ €   Für 27 € bekommt man _____ l   2

3 Zeichne einen Graphen für folgende Zuordnung und lies die fehlenden Werte
aus dem Diagramm ab.

Volumen in Liter	2	6		1			12
Preis in €	1		5		2,50	4,50	6

2

Volumen (Liter)

6

4 Wie viel kosten die Kirschen? Lies die Preise aus dem Diagramm ab.

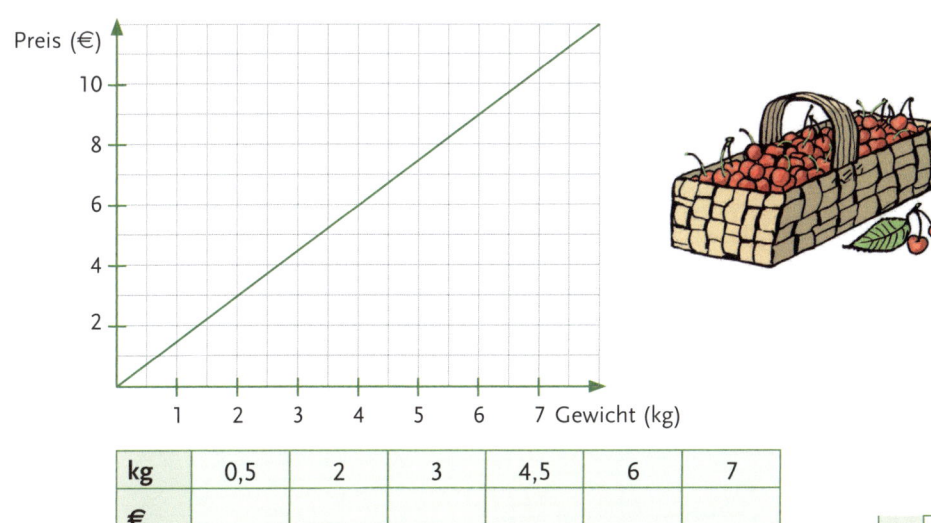

kg	0,5	2	3	4,5	6	7
€						

3

25

Umgekehrt proportionale Zuordnung

1 Wann liegt eine umgekehrt proportionale Zuordnung vor? Begründe.

_____

_____ ☐ 1

2 In der Tabelle ist eine umgekehrt proportionale Zuordnung dargestellt.

a) Ergänze die fehlenden Werte.

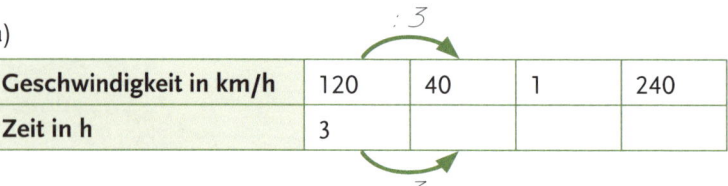

Anzahl Personen	2	4		12		30
Zeit in h	15		3,75		1,5	

b) Was gilt für die Anzahl der Personen, wenn sich die Zeit halbiert?

_____ ☐ 6

3 Berechne die fehlenden Werte. Veranschauliche, wie im Beispiel gezeigt, durch Pfeile und Rechenzeichen.

a)

· 3

Geschwindigkeit in km/h	120	40	1	240
Zeit in h	3			

· 3

☐ 2

b)

4	10	1	20	5
30				

c)

5	1	2	8	20
230				

☐ 4

★ **4** **Löse folgende Aufgaben.**

a) Trage in die Tabelle die Seitenlängen a und b für verschiedene Rechtecke ein, die den Flächeninhalt A = 30 cm² haben.

2

a (cm)	b (cm)	A (cm²)
2	15	30

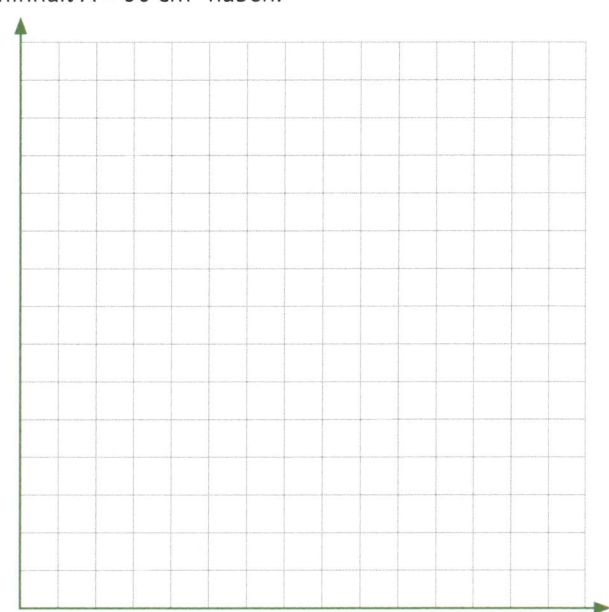

6

b) Übertrage die Wertepaare für a und b in das Koordinatensystem. Verbinde die Punkte zu einer Kurve.

2

c) Lies aus der Darstellung die zugehörigen Werte ab.

a = _____ b = 7,5 cm   Prüfe: A = _____ cm · 7,5 cm = _____ cm²

a = 12 cm b = _____   Prüfe: A = 12 cm · _____ cm = _____ cm²   2

> Bei einer **umgekehrt proportionalen** Zuordnung sind die **Produkte** der einander zugeordneten Werte **gleich**.

5 **Ergänze die Tabelle mithilfe der Produktgleichheit.**

Anzahl	2	5		15			40
Summe in €	450		112,50		37,50	36	
Produkt							

6

27

Dreisatz

1 Fließen durch das Löschrohr einer Feuerwehr 450 l Wasser pro Minute (min), so ist der Großtankwagen nach 12,5 Minuten leer. Berechne die Löschzeit, wenn 500 l Wasser pro Minute (500 l/min) ausströmen.
Ergänze.

a) Bei 450 l/min ist er nach 12,5 min leer.

Bei 1 l/min ist er nach $\boxed{12,5}$ min · $\boxed{}$ = $\boxed{}$ min leer.

Bei 500 l/min ist er nach $\boxed{}$ min : $\boxed{}$ = $\boxed{}$ min leer.

Antwort: _____ $\boxed{3}$

Tipp: Wenn du, ohne den 2. Schritt auszurechnen, alles zum Schluss auf einen Bruchstrich schreibst, rechnest du vorteilhafter. Du kannst dann kürzen.

b) Bei 1 l/min ist er nach 12,5 · 450 min leer. Bei 500 l/min

ist er nach $\dfrac{12,5 \cdot 450}{500}$ = _____ = _____ = _____ min leer. $\boxed{2}$

2 Die Fährüberfahrt nach Dänemark dauert bei einer Geschwindigkeit von 20 km/h genau 55 Minuten. Welche Fahrzeit wird bei einer Geschwindigkeit von 28 km/h benötigt? Ergänze.

Für 20 km/h benötigte Zeit: 55 min

Für 1 km/h benötigte Zeit: _____ · _____ min

Für _____ km/h benötigte Zeit: $\boxed{}$ · $\boxed{}$ = _____ min
$\quad\quad\quad\quad\quad\quad\quad\quad\quad\quad\quad\quad \overline{\boxed{}}$

Antwort: _____ $\boxed{3}$

Lösungen

★ Aufgaben mit höherem Schwierigkeitsgrad

1 Prozent- und Zinsrechnung

Seite 4 – 5

1 a) 25 %   b) 75 %   c) 60 %
d) 50 %   e) 100 %   f) 20 %

2 a) 13 %; 10 %; 20 %   b) 9 %; 1 %; 77 %
c) 37,5 %; 76,4 %; 3,4 %

3 65 %; 68 %; 75 %; 20 %; 12 %

4 a) $\frac{1}{10}$; $\frac{3}{5}$; $\frac{1}{4}$ b) $\frac{1}{5}$; $\frac{3}{4}$; $\frac{1}{8}$

5 Syndi: 75 %

6 $\frac{6}{24} = 25\,\%$; $\frac{27}{36} = 75\,\%$; $\frac{70}{100} = 70\,\%$;
$\frac{4}{16} = 25\,\%$; $\frac{4}{40} = 10\,\%$

7 wie drei Viertel, wie die Hälfte,
wie ein Viertel, wie ein Fünftel,
wie ein Zehntel, wie ein Drittel,
wie ein Hundertstel

Seite 6 – 7

1 ★

Klasse	G	W	Anteil	Prozent
7a	30	12	0,4	40 %
7b	32	10	0,31	31 %
7c	28	8	0,29	29 %

2 a) 15 %   b) 22 %   c) 10,5 %
d) 22 %   e) 90 %   f) 20 %

3 a) 13 %   b) 75 %   c) 29 %

4 ≈ 3 %

5 a) ≈ 22 %   b) ≈ 78 %

6 ★ a) ≈ 91 %   b) ≈ 30 %   c) ≈ 27 %

Seite 8 – 9

1 a) 32; 5; 8,5   b) 45; 2; 28

2 567 €

3 400 ml

4 ★

1 % von	120 g Brot	1,20 g
41 % von	15 g Wurst	6,15 g
80 % von	25 g Butter	20,00 g
19 % von	100 g Rindfleisch	19,00 g
10 % von	60 g Ei	6,00 g
63 % von	15 g Walnüssen	9,45 g
	Summe:	61,80 g

5 a) 63 Jugendliche haben einen Gehörschaden.

b)

Seite 10 – 11

1 a) 600 €   b) 225 kg
c) 560 m   d) 400 €

2

W	p %	G
34,64	8 % = 0,08	433
108	27 % = 0,27	400
4,36	4 % = 0,04	109

3 5 %   → 2,50 €
1 %   → 2,50 € : 5 = 0,50 €
100 % → 0,50 € · 100 = 50 €

4 1950

5 510 €; 1 020 €; 315 €

6 ★ a) 880 €   b) 748 €

Seite 12 – 13

1 a) 25 %

b) $32\frac{1}{2}$ Kästchen

2 38 %; 29 %; 33 %

❸ a) Milch: 13 %, alkoholische Getränke: 26 %, Kaffee / Tee: 34 %, Säfte: 27 %

b)
34 %   26 %

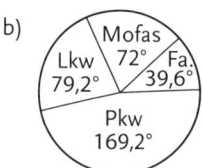

27 %   13 %

❹★ a)

	Anzahl	Prozent
Pkw	93	≈ 47
Lkw	43	≈ 22
Mofas	40	≈ 20
Fahrräder	22	≈ 11
Summe	198	100

b)

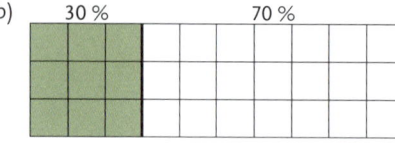

❺★ a) 4 274 400 ha b) Stufe 1: 4 128 800 ha, Stufe 2: 1 768 000 ha, Stufe 3: 228 800 ha

Seite 14 – 15

❶ Noah: 75 %, Christian: 80 %, Clara: 70 %

❷ a) und b) Es waren 35 % der kontrollierten Fahrzeuge.

❸ a) um 25 % länger   b) um 20 % kürzer

❹ Der Rabatt beträgt 27,60 €. Paul müsste 892,40 € bezahlen.

❺ a) Ferien: ≈ 30 %, Schultage: ≈ 70 %

b)
30 %   70 %

❻★ A: 6,5 B: 12,5 C: 81 D: 11,5 E: 2,4
F: 82 G: 1,4 H: 16,6

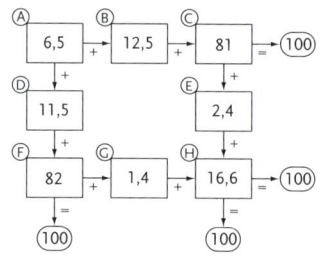

❼ 25 %

Seite 16 – 17

❶ Grundwert   → Kapital
Prozentwert   → Zinsen
Prozentsatz   → Zinssatz

❷ a) 100 % ≙ 14 000 €; 1 % ≙ 140 €;
8,4 % Zinsen ≙ 1176 €
b) Kaufpreis: 48 380 €
Zinsen: 1176 €
Gesamt: 49 556 €
Schlussfolgerung: Wird eine Anschaffung auf Kredit gekauft, ist der Gesamtpreis höher.

❸ Kapital: 150 000 €

❹★ a) 52,50 €; 70 €; 105 €; 140 €
Bei doppeltem Kapital sind die Zinsen doppelt so hoch. Bei dreifachem Kapital sind die Zinsen dreimal so hoch.

b) 24 €; 48 €; 72 €; 96 €
Bei doppeltem Zinssatz sind die Zinsen doppelt so hoch, bei dreifachem Zinssatz sind sie dreifach so hoch.

❺ Frau Sparsam: Herr Reich:
a) Zinsen: 670,63 €   Zinsen: 648,00 €

b) Gesamt: 9 920,63 € Gesamt: 12 648,00 €
Frau Sparsam bekommt mehr Zinsen.

2 Zuordnungen

Seite 18–19

1 a) Im März und Dezember regnet es am meisten, im Juli und August am wenigsten.

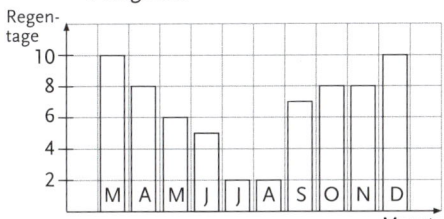

2

Gewicht in g	40	80	160	200	600
Porto in €	0,90	1,45	1,45	1,45	2,40

3 ★ a) $\overline{AH}$ = 50 km, 3 h und 50 min

b) 1. Pause: 9 Uhr   Dauer: 30 min
2. Pause: 9.50 Uhr   Dauer: 20 min
3. Pause: 11.10 Uhr Dauer: 20 min

c) Am langsamsten auf der Strecke $\overline{EF}$.
Der Anstieg von $\overline{EF}$ ist am geringsten.
Am schnellsten auf der Strecke $\overline{CD}$.
Der Anstieg von $\overline{CD}$ ist am größten.

d) $\overline{AB}$: 60 min, $\overline{CD}$: 20 min, $\overline{GH}$: 20 min

e)

Zeit	8.00	9.00	9.50	10.40	11.10	11.50
km	0	20	35	40	45	50

Seite 20–21

1 Die einander zugeordneten Werte ändern sich im selben Maß.

2 a)

l	4	8	12	15	20	30
€	5,68	11,36	17,04	21,30	28,40	42,60

b) Wenn die Literzahl verdoppelt/ verdreifacht wird, verdoppelt/ verdreifacht sich der Preis.

3 a)

Anzahl	4	2	12	15
€	19,20	9,60	57,60	72

b)

1 kg	2 kg	3 kg	4 kg	5 kg
1,20 €	2,40 €	3,60 €	4,80 €	6 €

c)

1 cm³	2 cm³	3 cm³	4 cm³	5 cm³
0,23 g	0,46 g	0,69 g	0,92 g	1,15 g

4 a)

Höhe in m	10	20	30	40	50	60
Strecke in m	200	400	600	800	1 000	1 200
Gleitver- hältnis	$\frac{1}{20}$	$\frac{1}{20}$	$\frac{1}{20}$	$\frac{1}{20}$	$\frac{1}{20}$	$\frac{1}{20}$

b) Er überfliegt eine Strecke von 1 200 m.
c) Das Gleitverhältnis ist für alle Wertepaare $\frac{1}{20}$.

5 ★

An- zahl	1	12	17	22	28	30	34
Preis in €	0,20	2,40	3,40	4,40	5,60	6	6,80
Quo- tient	5 oder 0,2	5 oder 0,2	5 oder 0,2	5 oder 0,2	5 oder 0,2	5 oder 0,2	5 oder 0,2

Seite 22–23

1 6 Eier   → 1,38 €
1 Ei   → 1,38 € : 6 = 0,23 €
4 Eier   → 0,23 € · 4 = 0,92 €
4 Eier kosten 0,92 €.

2 a) 2 l   → 14,80 €
1 l   → 14,80 € : 2 = 7,40 €
3,5 l → 7,40 € · 3,5 = 25,90 €
Herr Schnittich zahlt 25,90 €.

b) Herr Sportlich zahlt 48,59 €.

3 Der Wasserverlust beträgt 86,8 l.

4 ★ a) Größe II:

548 m²   → 36 716 €
1 m²   → 36 716 € : 548 = 67 €
895 m²   → 67 € · 895 = 59 965 €

b) Größe III: 67 € · 1 054 = 70 618 €

Seite 24 – 25

1

Anzahl	2	3	5	9	12
Preis (€)	6	9	15	27	36

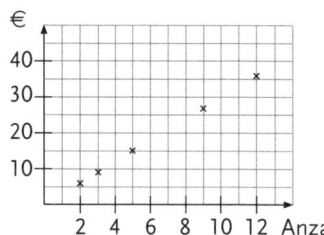

2 ★ a)

Menge (l)	5	10	15	20	25
Preis (€)	4,50	9	13,50	18	22,50

b) Preis in €

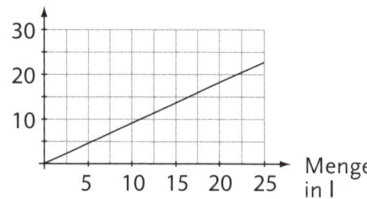

c) 12 l kosten 10,80 €,
18 l kosten 16,20 €.
Für 23 € bekommst du ca. 25,6 l.
Für 27 € bekommst du genau 30 l.

3

V (l)	2	6	10	1	5	9	12
Preis (€)	1	3	5	0,50	2,50	4,50	6

4

kg	0,5	2	3	4,5	6	7
€	0,75	3	4,50	6,75	9	10,50

Seite 26 – 27

1 Die einander zugeordneten Werte ändern sich in umgekehrtem Maße.

2 a)

Anzahl	2	4	8	12	20	30
Stunden	15	7,5	3,75	2,5	1,5	1

b) Wenn die Zeit halbiert wird, verdoppelt sich die Anzahl der Personen.

3 a)

Geschw. in km/h	120	40	1	240
Zeit in h		3	9	360	1,5

b)

4	10	1	20	5
30	12	120	6	24

c)

5	1	2	8	20
230	1150	575	143,75	57,5

4 ★ a)

a (cm)	b (cm)	A (cm²)
2	15	30
3	10	30
5	6	30
6	5	30
10	3	30
15	2	30

b)

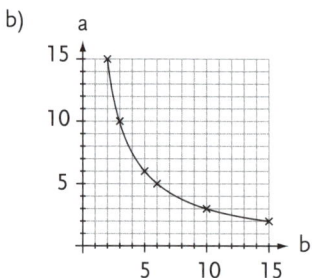

c) a = 4 cm   b = 7,5 cm   A = 30 cm²
a = 12 cm b = 2,5 cm   A = 30 cm²

5

2	5	8	15	24	25	40
450	180	112,5	60	37,5	36	22,5
900	900	900	900	900	900	900

Seite 28 / 37

1 a)

450 l/min in 12,5 min
1 l/min in 12,5 min   · 450 = 5 625 min
500 l/min in 5 625 min   : 500 = 11,25 min

b) 500 l/min in $12,5 \cdot \dfrac{450}{500}$

$= 12,5 \cdot \dfrac{9}{10} = 11,25$ min

2 39,29 min

3 a) Der Airbus A 300 benötigt 6,6 Stunden.
b) Die Concorde benötigte 2,58 Stunden.

4 ★ 12 Tage

Seite 38 – 39

1 a) 20 Stunden
b) Ja

2 2 Stunden

3 88,40 €

4 a) 1,41 €
b) 40,59 l Diesel

5 ★ a)

Anzahl Päckchen	30	50	15	80
Gewicht pro Päckchen in kg	2	1,2	4	0,75

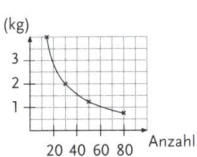

(kg)

b)

Anzahl Rosen	4	3	9	12
Preis in €	4,80	3,60	10,80	14,40

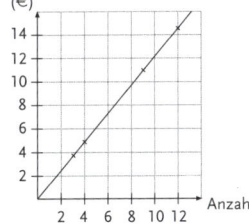

(€)

3 Rationale Zahlen

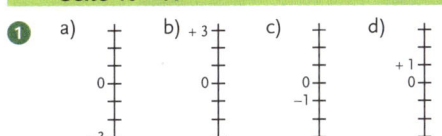

Seite 40 – 41

1 a) b) +3 c) d)

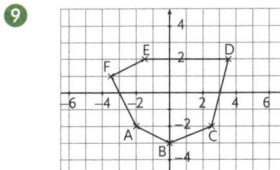

2 $A = -2,5$ $B = -1,75$ $C = -1$ $D = 0,75$
$E = 2$

3

4 a) -7 b) $+4,5$ c) $+10$
d) 0 e) -35 f) $-7,5$

5 a) > b) > c) < d) < e) < f) > g) < h) >

6 a) > b) > c) <

7 a) $-540 < -504 < -450 < -405 < -54,6 <$
$-54 < -45 < +45$
b) $-9,78 < -8,76 < -8,67 < -7,89 <$
$-7,86 < -7,68 < -6,87 < -6,78$

8 B(3|5) C(8|1) D(−10|−4) E(5|−6)
F(−10|5) G(12|−3)

9

Seite 42 – 43

1 −113 €

2 +1 998 €

3 a) −309 €
b) +8 200 € c) 1 502 €
d) −219,50 €

4 12 Uhr: +2 °C   22 Uhr: −9 °C

5 +16 °C;   −15 °C

6 a) −1,4 b) −2,5

7 a) −1,70 €; +76 €
b) −34,90 €; +0,39 € c) −134 €

8 a) −2; −23   b) −69; +125
c) −6,4; +593,8   d) $+\frac{1}{12}$; $-1\frac{19}{30}$

9 a) −122; −14; +0,1
b) +413; +21,32; −0,8
c) $-\frac{9}{11}$; $-\frac{9}{7}$; $-\frac{5}{9}$; $+\frac{3}{5}$

10 $[9 + (−7)] + (−3) = −1$

Seite 44 – 45

1 a) −21; −48; −0,09 b) −4; +0,8; −12

2 a) +0,2; +1,23 b) −9,45; −36,3
c) +128; $+\frac{6}{35}$ d) −12; −5

3 a) +90; −8,45; b) $-\frac{5}{16}$; −27

4 ★ $x = −4$ $x = −11$ $x = +6$ $x = +3$

5 Die Zahl heißt −9.

6 $(−2)^4 = +16$; $\left(-\frac{1}{2}\right)^2 = +\frac{1}{4}$; $(+4)^4 = 256$

7 −216; $+\frac{9}{25}$; +6,25; +343

8 a) −180; +3; −11 b) +3; $-1\frac{1}{3}$; $-3\frac{1}{2}$
c) $+1\frac{1}{7}$; $-1\frac{3}{5}$; −0,02

9 a)

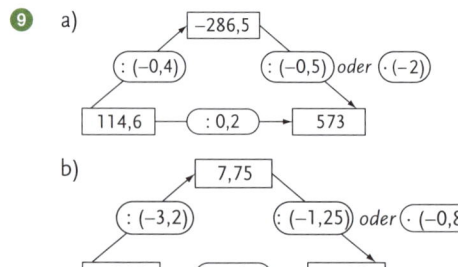

b)

10 ★ $6 \cdot (−0,8) \cdot 0,6 > −2,84$ (f)
$312 \cdot (−24) \cdot 12 > −100\,000$ (w)
$2\,300 : (−100) < −19$ (w)
$-\frac{3}{4} : \left(-\frac{3}{2}\right) < 0,25$ (f)

Seite 46 – 47

1 a) −3 b) −8 c) +69 d) +1,6 e) +3,75

2 a) −25 b) −3 c) −63 d) −8
e) +23,4 f) +18

3 a) +3,6; −5 b) −23; $-\frac{1}{2}$ c) +48; −1
d) −27,6 e) −9 f) $+\frac{2}{21}$

4 ★ a) $[56,8 + (−43,9)] \cdot (−0,3) = 3,87$
b) $\left[\frac{2}{3} + \left(-\frac{1}{4}\right)\right] : \left[\frac{2}{3} - \left(\frac{1}{4}\right)\right] = \frac{5}{11}$

5 $423 − 23,50 − 102,30 + 67,33 = 364,53$

4 Terme, Variablen, Gleichungen

Seite 48 – 49

1 a) $x − 4,6$ b) $\frac{1}{2}x$ c) $\frac{1}{2}x − 3$

2 a) $x + 23$ b) $x^2 \cdot 3$ c) $2x − 3$ d) $\frac{1}{2}x − 2y$
e) $6x + \frac{30}{5}$

3 $U = 4a$ $U = 4 \cdot 4,5\ \text{cm} = 18\ \text{cm}$
$A = a^2$ $A = 20,25\ \text{cm}^2$

4 a) Term: $x \cdot y$ Wert: 7,5 Stunden
b) Term: $x \cdot 0,20 + 2,30$ Werte: 4,10 €
und 4,70 €
c) Term: $(2x − 4) : 2$ Wert: 1
d) Term: $\left(\frac{1}{2}x + 10\right) \cdot 3$ Wert: 39

5 a) zu $2x + 3$ b) zu $(x + 5) \cdot 3$
c) zu $3 − 2x$ d) zu $2x − (3 − 4)$

Seite 50 – 51

1 $4x$; $5a$; $0,8y$; $8x$; $7bc$; $3ab$; $3abc$;
$16a^2$; $2a^2b$

2 $20a − 5b$; $−11p + 11s$; $−1 − 12e$
$3mn − 4 − 3uv$; $7x^2 − 7x − 5$; $2xy + 4y^2$

3

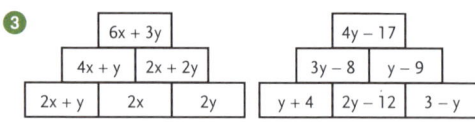

4 $U = 2a + 3b − 1$

5 ★ a^3; $6a^2y$; $24b^5$; $24c^2d^2e^2$; $14x^6$; $-5u^4v$
$\frac{2}{3}r^4s^6t^3$

6 $2ab$; $3x$; $-5e^2$; rs; $170xy$; $-0{,}6st^2$; $-3cd$

7 $U = 2b + 4a + 2c$ $A = (2a + c) \cdot b$

8 a) $8 + 3x$ Wert: -4
b) $-3b^2 - 2b$ Wert: -16

Seite 52 – 53

1 $8a - 4b$; $7ab - b$
$8bc + 4b$; $-4a - 15b$

2 $a(6b + 7)$; $x(x^2 - 4)$; $12b(b - 2)$
$s(s - s^2 + 1)$; $8a(1 - 2a^2 + b + 4)$

3 $3y - 12$; $54x^2 + 27x$; $-4z + 20$; $x^4 - x$
$2{,}4a - 0{,}8a^2$

4 $27 - 38a + 3a^2$

5 a) $(2x - 4) \cdot 2$ b) $\left(\frac{1}{2}x + 10\right) \cdot 3$
c) $\frac{1}{4}b + (-10 + x)$

6 a) falsch b) richtig c) falsch d) richtig

7 ★ $5y^2 - 12y - 6$; $-3x^2$; $4a^2b^2 - 2a^3b$

8 ★ $6 \cdot 16 - (4 + 25) - 5 = 62$

Seite 54 – 55

1 b) $2x + 8 = 38$ $x = 15$
c) $x : 4 = 15$ $x = 60$
d) $47x + 3 = 238$ $x = 5$

2 a) $x = 2$; $x = 2$ b) $x = -3$; $x = -108$
c) $x = 68$; $y = 85$ d) $m = 111$; $c = 10$
e) $c = 202$; $c = -10$

3 ★ $x = 4$; $y = 4$

4 $(x + 4) + x = 330$
Leonie: 163 cm, Sophie: 167 cm

5 $x + (x + 36) = 98$ Vater: 31, Opa: 67

6
$7 \cdot y + 3 = 8 \cdot y$	Lösung: $y = 3$
$10 + y = 8 + 3 \cdot y$	Lösung: $y = 1$
$5 \cdot y - 4 = 4 \cdot y + 6$	Lösung: $y = 10$
$4 \cdot y + 5 = 38 + y$	Lösung: $y = 11$
$2y - 22 = 4y - 26$	Lösung: $y = 2$
$y - 0{,}5 = -2{,}5$	Lösung: $y = -2$

7 $(x - 4) + x = 12$ $x = 8$
Socken: 4 €; T-Shirt: 8 €

Seite 56 – 57

1
$$\begin{aligned}
9x - 8 + 4x &= 97 - 2x &&| + 2x \\
9x - 8 + 4x + 2x &= 97 - 2x + 2x &&| + 8 \\
15x - 8 + 8 &= 97 + 8 \\
15x &= 105 &&| : 15 \\
x &= 7
\end{aligned}$$

2 a)
$$\begin{aligned}
21x + 7 &= 9x - 17 &&| - 9x \\
12x + 7 &= -17 &&| - 7 \\
12x &= -24 &&| : 12 \\
x &= -2
\end{aligned}$$
Probe: $-42 + 7 = -18 - 17$
$\qquad\quad -35 = -35$

b)
$$\begin{aligned}
3 - 4z &= 3z - 4 &&| - 3z \\
3 - 7z &= -4 &&| - 3 \\
-7z &= -7 &&| \cdot (-1) \\
7z &= 7 &&| : 7 \\
z &= 1
\end{aligned}$$
Probe: $3 - 4 = 3 - 4$

3
$$\begin{aligned}
11 - (81 + 4x) &= 25x + (10 + 11x) \\
11 - 81 - 4x &= 25x + 10 + 11x \\
-70 - 4x &= 36x + 10 \\
-40x &= 80 \\
x &= -2
\end{aligned}$$

$$\begin{aligned}
3(5y + 4) &= 3y \\
15y + 12 &= 3y \\
12y &= -12 \\
y &= -1
\end{aligned}$$

4 ★ a) $x = 5$ b) $x = -6$ c) $y = 4$ d) $a = -2$

Seite 58 – 59

1 Das Viereck ist 25 m lang und 15 m breit.

2 Konrad ist 13 Jahre alt, Jenny 9 Jahre alt.

3 Georg hat sich die Zahl 10 gedacht.

4 ★ Die dritte Kante ist 4 cm lang.

5 Die Karten der teuren Preisklasse kosten
5,50 €, die der billigeren Preisklasse 4 €.

5 Geometrie

1 a)

b)

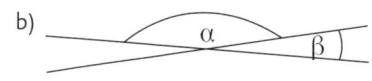

2 $\beta = 60°$ Nebenwinkel zu α
  $\gamma = 120°$ Nebenwinkel zu β bzw.
      Scheitelwinkel zu α

3 $\gamma = 36°$ Scheitelwinkel zu α
  $\beta = 69°$ $180° - \alpha - \delta$
  $\varepsilon = 75°$ Scheitelwinkel zu δ

4 $\beta = 48°$ Nebenwinkel zu α
  $\gamma = 48°$ Scheitelwinkel zu β

5 a)

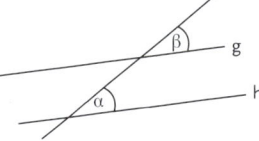

b)

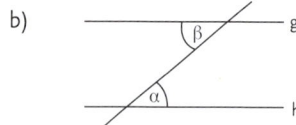

6 a) $\beta = 43°$ $\gamma = 137°$ $\delta = 137°$
  b) $\beta = 55°$ $\gamma = 125°$

7 ★ $\alpha = 30°$ $2\alpha = 60°$ $\beta = 150°$
  $\gamma = 30°$

1

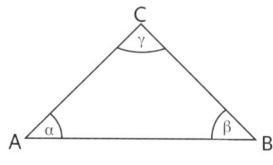

$\gamma = 46°$
$\gamma = 37°$

2 a) $\alpha = 12°$ b) $\beta = 58°$

3 a) $\alpha = 84°$ Winkelsumme im Dreieck
    $\delta = 128°$ Nebenwinkel zu β
    $\varepsilon = 136°$ Nebenwinkel zu γ
  b) $\beta = 57°$ Winkelsumme im Dreieck
    $\delta = 123°$ Nebenwinkel zu β

4 a) $\alpha = 62°$; $\gamma = 56°$; $\beta = 34°$; $\gamma = 112°$

  b) Es gibt kein gleichschenkliges Dreieck
    mit α oder $\beta = 100°$, weil dann die
    Winkelsumme mind. 200°, also größer
    als 180° wäre.

5 $\gamma = 103°$ $\alpha = 34°$

6 ★ $\delta = 120°$
  Im gleichseitigen Dreieck sind alle
  Winkel gleich, nämlich 60°. Der Stufen-
  winkel zu α ist Nebenwinkel zu δ.

7 a) $\beta = 48°$
  b) $\alpha = 55°$
  c) $\beta = 79°$
  d) $\alpha = 90° - \beta$

3 Für den ersten „Non-Stop-Flug" über den Atlantik wurden 33 Stunden bei einer Geschwindigkeit von 180 km/h benötigt.

a) Berechne die Flugzeit für den Airbus A 300, Geschwindigkeit: 900 km/h. Rechne in der „Kurzform".

180 km/h → _____ h

1 km/h → _____ h

900 km/h → ⬚ ⬚ / ⬚ = _____

Antwort: _____ | 3 |

b) Berechne die Flugzeit für die Concorde, Geschwindigkeit: 2 300 km/h.

⬚ ⬚ / ⬚ = _____

Antwort: _____ | 2 |

★ **4** Ein Park wird von 6 Gärtnern in 20 Tagen bepflanzt.
Wie lange würde es dauern, wenn 4 weitere Gärtner mitarbeiten würden?
Rechne in der „Kurzform".

6 Gärtner → 20 Tage   Antwort: _____

_____ → _____ Tage   _____

_____ → _____ Tage | 3 |

  16 – 12 Punkte  11 – 8 Punkte  7 – 0 Punkte  Gesamt-punktzahl

Sachaufgaben

1 **Ein Schwimmbecken wird von 5 gleich starken Zuflüssen in 12 Stunden gefüllt.**

a) Zwei Zuflüsse fallen aus. Wie lange dauert nun das Füllen? Löse mit dem Dreisatz.

_____

_____

_____

Antwort: _____ | 3 |

b) Könnte man das Becken mit nur einem Zufluss in 60 Stunden füllen?

▪ ja   ▪ nein | 1 |

2 **In einer Abfüllanlage werden in 8 Stunden 32 000 Flaschen gefüllt. In wie vielen Stunden werden 8 000 Flaschen gefüllt? Löse mit dem Dreisatz.**

_____

_____

_____

Antwort: _____ | 3 |

3 **2,60 m Stoff kosten 33,80 €. Wie viel kosten 6,80 m?**

_____

_____

_____

Antwort: _____ | 3 |

4 Herr Schnell hat 38 l Normalbenzin für 53,58 € getankt. Wie viel l Diesel bekommt Frau Schlau für den gleichen Betrag, wenn 1 l Diesel 9 ct billiger ist als das Normalbenzin? Berechne auf 2 Nachkommastellen.

a) Berechne zuerst, wie viel Herr Schnell für 1 l Benzin bezahlt hat:

_____

Antwort: _____ ⬜ 1

b) Wie viel Liter Diesel bekommt nun Frau Schlau?

_____

Antwort: _____ ⬜ 3

★ **5** Löse die Zuordnung zeichnerisch und fülle die Tabelle aus.

a) Eine Zuckermenge wird in 30 Päckchen zu je 2 kg abgepackt.

b) 4 Rosen kosten 4,80 €.

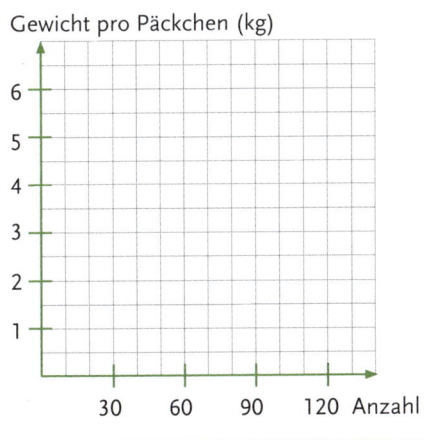

Anzahl Päckchen	30	50	15	80
Gewicht pro Päckchen in kg	2			0,75

Anzahl Rosen	4	3	9	12
Preis in €				

⬜ 4

39

Darstellen und vergleichen

1 Trage die Temperaturen in die Thermometer ein.

a) $-3\,°C$ b) $+3\,°C$ c) $-1\,°C$ d) $+1\,°C$

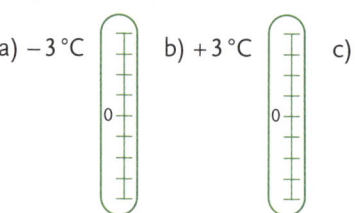 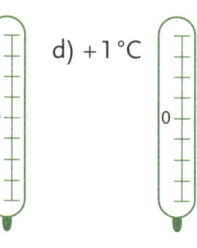

⟨ 2 ⟩

2 Welche Zahlen sind auf der Zahlengeraden markiert?

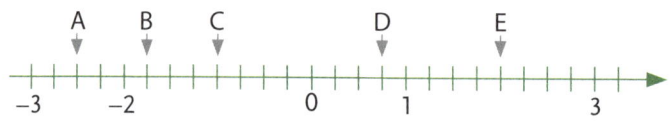

A = _____   B = _____   C = _____   D = _____   E = _____

⟨ 5 ⟩

3 Markiere auf der Zahlengeraden: $-0,8$ $-1,2$ $+0,2$ $+0,5$ $-0,2$

⟨ 1 ⟩

4 Welche Zahl liegt in der Mitte? Trage sie in das Kästchen ein.

a) -8 ☐ -6 b) -4 ☐ $+13$ c) -20 ☐ $+40$

d) $+3,4$ ☐ $-3,4$ e) -100 ☐ $+30$ f) -15 ☐ 0

⟨ 3 ⟩

5 Setze die Zeichen < oder > ein.

a) 7 ___ -3 b) -4 ___ -7 c) -5 ___ 5 d) -22 ___ -10

e) $-33,4$ ___ $-33,3$ f) -9 ___ $-9,6$ g) $-\frac{2}{5}$ ___ $-\frac{1}{4}$ h) 0 ___ $-2,5$

⟨ 4 ⟩

6 Vergleiche die Temperaturen. Setze < oder > ein.

a) $3,4\,°C$ ___ $-13,5\,°C$ b) $-4,6\,°C$ ___ $-14,3\,°C$ c) $-5\,°C$ ___ $-2\,°C$

⟨ 3 ⟩

7 Ordne die Zahlen der Größe nach. Beginne mit der kleinsten.

a) -405; -45; -504; $-54,6$; -450; -540; -54; $+45$

_____ < _____ < _____ < _____ < _____ < _____ < _____ < _____

b) $-6,78$; $-7,86$; $-6,87$; $-8,67$; $-7,68$; $-8,76$; $-9,78$; $-7,89$

_____ < _____ < _____ < _____ < _____ < _____ < _____ < _____ |2|

8 Bestimme die Koordinaten der eingetragenen Punkte im Koordinatensystem.

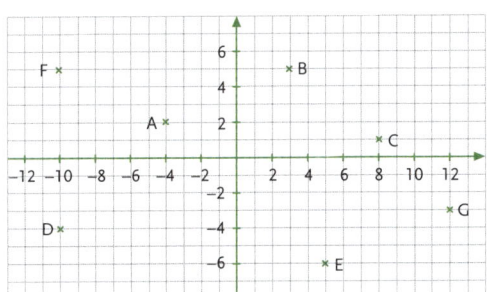

Beispiel: $A\ (-4\,|\,2)$

3

B (_____)   C (_____)   D (_____)   E (_____)   F (_____)   G (_____) |3|

9 Übertrage die Punkte in das Koordinatensystem und verbinde sie zu einem Sechseck.

$A\ (-2\,|\,-2)$ $B\ (0\,|\,-3)$ $C\ (2,5\,|\,-2)$ $D\ (3,5\,|\,2)$ $E\ (-1,5\,|\,2)$ $F\ (-3,5\,|\,1)$

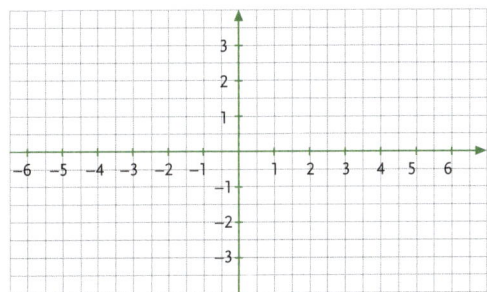

|3| 41

Addieren und subtrahieren

1 Der Kontostand von Frau Müller beträgt 540 €.
Sie bezahlt eine Rechnung von 653 €. Wie ist ihr Kontostand anschließend?

_____ | 1 |

2 Herr Frei hat sein Konto um 356 € am Monatsende überzogen. Am Ersten
des nächsten Monats wird sein Gehalt von 2 354 € überwiesen.
Wie ist dann sein Kontostand?

_____ | 1 |

3 Kontobewegungen auf einer Bank. Fülle die Tabelle aus.

	a)	b)	c)	d)
Kontostand in €	+159	−320	+235	+245,50
Buchung in €	−468	+8 520	+1 267	−465
neuer Kontostand in €				

| 4 |

4 An einem Wintertag zeigt das Thermometer um 6 Uhr morgens eine
Temperatur von −3 °C an. Um 12 Uhr ist die Temperatur um 5 °C gestiegen
und um 22 Uhr ist sie um 11 °C gefallen.
Welche Temperatur zeigte das Thermometer jeweils an?

um 12 Uhr: _____   um 22 Uhr: _____ | 2 |

5 Berechne jeweils Anstieg oder Absenkung der Temperatur.

von −12 °C auf +4 °C : _____   von +6 °C auf −9 °C : _____ | 2 |

6 Welche rationale Zahl ist a) um −3,4 kleiner als 2,
welche ist b) um 4,5 größer als −7?

a) _____   b) _____ | 2 |

7 Berechne.

a) 4,60 € − 6,30 € = _____   − 154 € + 230 € = _____

b) −11,30 € − 23,60 € = _____   5,95 € − 5,56 € = _____

c) −55 € + 23 € − 102 € = _____ $\boxed{5}$

> Klammern um **positive** Vorzeichen (+) können weggelassen, Vorzeichen
> und Rechenzeichen können zusammengefasst werden:
> + (+) → + und + (−) → −   − (+) → − und − (−) → +
> (−6) + (−5) = − 6 − 5 = −11
> (+5) − (−7) = 5 + 7 = 12

3

8 Vereinfache und berechne.

a) (+13) + (−15) = _____   (−8) + (−15) = _____

b) (−26) − (+43) = _____   (+55) − (−70) = _____

c) (−2,6) + (−3,8) = _____   (+235,8) − (−358) = _____

d) $\left(+\frac{3}{4}\right) - \left(+\frac{2}{3}\right) =$ _____ $\left(-\frac{5}{6}\right) + \left(-\frac{4}{5}\right) =$ _____ $\boxed{8}$

9 Berechne.

a) − 76 − 46 = _____   43 − 57 = _____   0,4 − 0,3 = _____

b) − 237 + 650 = _____   76,12 − 54,8 = _____   −3,4 + 2,6 = _____

c) $2\frac{4}{11} - 3\frac{2}{11} =$ _____ $-\frac{4}{7} - \frac{5}{7} =$ _____ $\frac{2}{9} - \frac{7}{9} =$ _____ $-\frac{1}{5} + \frac{4}{5} =$ _____ $\boxed{10}$

10 Addiere zu der Summe von 9 und − 7 die Zahl − 3.

_____

43

Multiplizieren und dividieren

Vorzeichenregeln für die Multiplikation:　　Für die Division:

$(+) \cdot (+) = (+)$　　$(+) \cdot (-) = (-)$　　　$(+) : (+) = (+)$　　$(+) : (-) = (-)$

$(-) \cdot (+) = (-)$　　$(-) \cdot (-) = (+)$　　　$(-) : (+) = (-)$　　$(-) : (-) = (+)$

1 Multipliziere oder dividiere im Kopf. Bestimme zuerst das Vorzeichen.

a) $(-3) \cdot 7 =$ _____　　$12 \cdot (-4) =$ _____　　$0,3 \cdot (-0,3) =$ _____

b) $24 : (-6) =$ _____　　$(-0,8) : (-1) =$ _____　　$144 : (-12) =$ _____ `6`

2 Schreibe zuerst auf, welches Vorzeichen das Ergebnis hat, rechne dann.

a) $0,4 \cdot 0,5 =$ _____　　　$12,3 \cdot 0,1 =$ _____

b) $(-4,5) \cdot 2,1 =$ _____　　　$3 \cdot (-12,1) =$ _____

c) $(-16) \cdot (-8) =$ _____　　　$\left(-\frac{2}{7}\right) \cdot \left(-\frac{3}{5}\right) =$ _____

d) $(-144) : 12 =$ _____　　　$85 : (-17) =$ _____ `11`

3 Berechne.

a) $(-3) \cdot 6 \cdot (-5) =$ _____　　　$(-6,5) \cdot (-1,3) \cdot (-1) =$ _____

b) $\left(-\frac{5}{8}\right) \cdot \left(-\frac{3}{4}\right) \cdot \left(-\frac{2}{3}\right) =$ _____　　　$(-3)^3 =$ _____ `4`

★ **4** Ermittle die Zahl x.

$12 \cdot x = -48$　　$x =$ _____　　　$132 = (-12) \cdot x$　　$x =$ _____

$-\frac{1}{3} \cdot x = -2$　　$x =$ _____　　　$(-0,5) \cdot x = -\frac{3}{2}$　　$x =$ _____ `4`

5 Multipliziert man eine Zahl mit $(-0,2)$, erhält man 1,8. Wie heißt die Zahl?

_____ `1`

6 Schreibe als Potenz und berechne.

$(-2) \cdot (-2) \cdot (-2) \cdot (-2) =$ _____ $=$ _____ $\left(-\frac{1}{2}\right) \cdot \left(-\frac{1}{2}\right) =$ _____ $=$ _____

$(+4) \cdot (+4) \cdot (+4) \cdot (+4) =$ _____ $=$ _____ | 3 |

7 Schreibe die Potenz als Produkt und berechne.

$(-6)^3 =$ _____ $=$ _____ $\left(-\frac{3}{5}\right)^2 =$ _____ $=$ _____

$(-2,5)^2 =$ _____ $=$ _____ $(+7)^3 =$ _____ $=$ _____ | 4 |

8 Schreibe zuerst auf, welches Vorzeichen das Ergebnis hat, und rechne dann.

a) $540 : (-3) =$ _____ $(-270) : (-90) =$ _____ $121 : (-11) =$ _____

b) $(-36) : (-12) =$ _____ $\frac{7}{8} : \left(-\frac{21}{32}\right) =$ _____ $2,1 : \left(-\frac{3}{5}\right) =$ _____

c) $\left(-\frac{96}{7}\right) : (-12) =$ _____ $3\frac{1}{5} : (-2) =$ _____ $(-0,2) : 10 =$ _____ | 9 |

9 Ergänze die fehlenden Angaben.

a)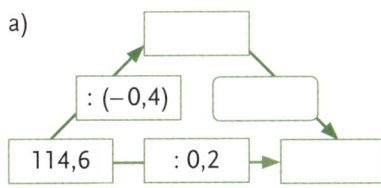

b)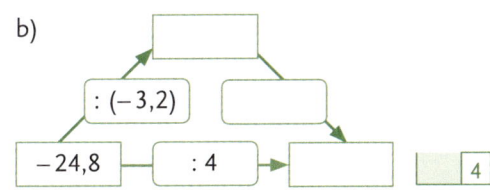
| 4 |

★ **10** Wahre (w) oder falsche (f) Aussage?

$6 \cdot (-0,8) \cdot 0,6 > (-2,84)$ (   ) $312 \cdot (-24) \cdot 12 > (-100\,000)$ (   )

$2\,300 : (-100) < (-19)$ (   ) $\left(-\frac{3}{4}\right) : \left(-\frac{3}{2}\right) < 0,25$ (   ) | 4 |

     50 – 39 Punkte    38 – 26 Punkte    25 – 0 Punkte    Gesamt-punktzahl

Verbindung der Rechenarten

Vertauschungsgesetz (Kommutativgesetz):
1. In einer **Summe** dürfen die Summanden vertauscht werden.
   Beispiel: $(+3) + (-5) = (-5) + (+3) = 3 - 5 = -5 + 3 = -2$

2. In einem **Produkt** dürfen die Faktoren vertauscht werden.
   Beispiel: $(-5) \cdot (+4) = (+4) \cdot (-5) = -5 \cdot 4 = 4 \cdot (-5) = -20$

1 **Rechne vorteilhaft.**

a) $(+15) + (-23) - (-5) =$ _____

b) $(-54) + (+25) - (+14) - (-35) =$ _____

c) $-36 - 16 + 29 + 56 + 36 =$ _____

d) $(-0,4) \cdot 0,8 \cdot (-5) =$ _____

e) $0,01 \cdot (-2,5) \cdot 100 \cdot (-1,5) =$ _____ | 5 |

2 **Berechne.**
Beachte: Klammer zuerst, Punktrechnung geht vor Strichrechnung.

a) $-5 \cdot (24 - 19) =$ _____

b) $(41 - 43) \cdot (-8) - 76 : 4 =$ _____

c) $-24 - 13 \cdot (-5 + 8) =$ _____

d) $-72 : (-9) + (-128) : 8 =$ _____

e) $45 - (0,2 + 7) \cdot 3 =$ _____

f) $(14 - 18) : (-4) \cdot [6 \cdot (19 - 16)] =$ _____

_____ | 6 |

Verteilungsgesetz (Distributivgesetz):
Ausklammern: Setze den gemeinsamen Faktor vor die Klammer, berechne die Summe und multipliziere das Ergebnis mit dem ausgeklammerten Faktor.
Ausmultiplizieren: Multipliziere den Faktor vor der Klammer mit jedem Summanden in der Klammer und addiere anschließend.
Dieses Gesetz gilt auch beim Subtrahieren und Dividieren!

3 Wende das Verteilungsgesetz an und berechne.

a) $(-10) \cdot (-0,5 + 0,14) =$ _____ $(-81 + 36) : 9 =$ _____

b) $6 \cdot \left(-\frac{5}{6} - 3\right) =$ _____ $\left(-\frac{11}{14} + \frac{5}{7}\right) : \frac{1}{7} =$ _____

c) $(-8) \cdot 6 - (-8) \cdot 12 =$ _____ $2 \cdot \frac{1}{3} - 5 \cdot \frac{1}{3} =$ _____

d) $12 \cdot 1,2 - 12 \cdot 3,5 =$ _____

e) $(-1,2) \cdot 3,7 + (-1,2) \cdot 4,6 - (-1,2) \cdot 0,8 =$ _____

f) $-\frac{3}{4} \cdot \left(-\frac{8}{9} + \frac{16}{21}\right) =$ _____   ☐ 7

★ **4** Schreibe als Term und berechne.

a) Multipliziere die Summe aus 56,8 und $-43,9$ mit der Zahl $-0,3$.

_____

b) Dividiere die Summe aus $\frac{2}{3}$ und $-\frac{1}{4}$ durch die Differenz dieser Zahlen.

_____   ☐ 4

5 Notiere die Aufgabe und berechne das Ergebnis.

Frau Sparsam hat auf ihrem Konto 423 €. Nacheinander werden davon 23,50 € und 102,30 € abgebucht und 67,33 € eingezahlt.

_____   ☐ 1

   23 – 19 Punkte  18 – 13 Punkte  12 – 0 Punkte  Gesamtpunktzahl

Terme aufstellen

Terme können Buchstaben als **Variablen** enthalten. Für die Variablen kannst du Zahlen einsetzen. Du erhältst eine Zahl als Ergebnis.

1 Schreibe als Term.

a) Anna wiegt x kg. Mia 4,6 kg weniger. _____

b) Herr Krug hat x Bananen. Herr Krumm besitzt die Hälfte weniger.

_____

c) Jakob hat x Computerspiele, Sebastian 3 weniger als die Hälfte.

_____ | 3 |

2 Finde den passenden Term zur Aufgabe.

a) Eine Zahl wird um 23 vergrößert. _____

b) Das Dreifache des Quadrats einer Zahl. _____

c) Das Doppelte einer Zahl wird um 3 vermindert. _____

d) Die Differenz aus der Hälfte einer Zahl und dem Zweifachen einer anderen Zahl.

_____

e) Die Summe aus dem Produkt einer Zahl und 6 und dem Quotienten aus 30 und 5.

_____ | 5 |

3 Stelle für den Umfang und die Fläche eines Quadrats mit der Seite a je einen Term auf und berechne für a = 4,5 cm.

Term: U = _____   Wert: U = _____

Term: A = _____   Wert: A = _____ | 4 |

4 **Stelle einen Term auf und berechne den Wert.**

a) Die Klasse 9a schreibt x Klassenarbeiten im Jahr, die jeweils y Stunden
    dauern. Wie lang ist die gesamte Zeit? Berechne für x = 5 und y = 1,5.

Term: _____ Wert: _____ | 2 |

b) In einem Supermarkt bezahlt man 0,20 € Pfand für eine Flasche Coca
    Cola und 2,30 € Pfand für den Kasten. Stelle einen Term auf und berechne
    das Pfand für einen Kasten mit 9 und einen mit 12 Flaschen.

Term: _____ Werte: _____

_____ | 2 |

c) Subtrahiere 4 vom Doppelten einer Zahl x und dividiere die Differenz
    durch 2. Berechne für x = 3.

Term: _____ Wert: _____ | 2 |

d) Zur Hälfte einer Zahl x wird 10 addiert und die Summe verdreifacht.
    Berechne für x = 6.

Term: _____ Wert: _____ | 2 |

5 **Ordne den richtigen Term zu. Verbinde mit einem Strich.**

a) Verdopple eine Zahl und addiere 3.

    $2x - (3 - 4)$

b) Vermehre eine Zahl um 5 und
    verdreifache die Summe.

    $3 - 2x$

c) Subtrahiere von 3 das Doppelte einer Zahl.

    $(x + 5) \cdot 3$

d) Subtrahiere von dem Doppelten einer Zahl
    die Differenz von 3 und 4.

    $2 \cdot x + 3$ | 4 |

4

    **24 – 19**
Punkte    **18 – 13**
Punkte    **12 – 0**
Punkte    **Gesamt-**
punktzahl

Terme vereinfachen

Gleichartige Terme lassen sich durch **Addieren** und **Subtrahieren** zusammenfassen:

$a + a + a = 3 \cdot a = 3a$ $\qquad$ $3a - 2a = a$ $\qquad$ $2ab - 4ab = -2ab$

Beachte: $3x$ und $6x^2$ sind nicht gleichartig, $3x^2$ und $6x^2$ sind gleichartig.

1 **Addiere und subtrahiere.**

$5x + 7x - 8x =$ _____ $\qquad$ $12a - 9a + 2a =$ _____ $\qquad$ $1{,}2y - 0{,}4y =$ _____

$x + 7x =$ _____ $\qquad$ $3bc + 5bc - bc =$ _____ $\qquad$ $13ab - 14ab + 4ab =$ _____

$abc + abc + abc =$ _____ $\qquad$ $5a^2 + 10a^2 + a^2 =$ _____ $\qquad$ $4a^2b - 2a^2b =$ _____ $\boxed{9}$

2 **Fasse gleichartige Terme zusammen.**

$32a - 5b - 12a =$ _____ $\qquad$ $-8p + 7s - 3p + 4s =$ _____

$26 - 17e - 27 + 5e =$ _____ $\qquad$ $3mn + 7uv - 4 - 10uv =$ _____

$4x^2 - 7x + 3x^2 - 5 =$ _____ $\qquad$ $xy + 4y^2 - x + xy + x =$ _____ $\boxed{6}$

3 **Addiere nebeneinanderstehende Kästchen.**

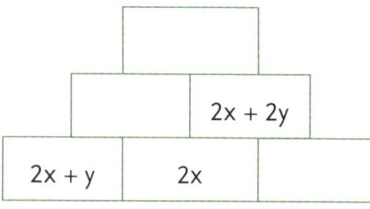
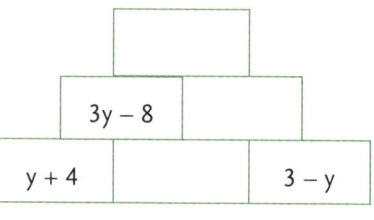 $\boxed{8}$

4 **Schreibe einen Term für den Umfang und fasse zusammen.**

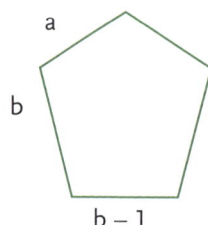

$U =$ _____

_____ $\boxed{2}$

50

Ein **Produkt** aus Zahlen und Variablen lässt sich vereinfachen, indem man die **Koeffizienten** und die **Variablen** getrennt multipliziert:
$2a \cdot a = 2a^2$ $2b \cdot 4a = 8ab$
Beim **Dividieren** eines Terms durch eine Zahl wird der Koeffizient dividiert:
$12x : 3 = 4x$

★ **5** **Multipliziere.**

$a \cdot a \cdot a =$ _____ $y \cdot 2a \cdot 3a =$ _____ $2b \cdot 4b \cdot b^2 \cdot 3b =$ _____

$3 \cdot c \cdot d \cdot 4 \cdot c \cdot e \cdot 2de =$ _____ $x^2 \cdot 7x \cdot 2x \cdot x^2 =$ _____

$u^2 \cdot 0,5v \cdot 5u^2 \cdot (-2) =$ _____ $r^2s \cdot rst \cdot t^2s \cdot s^2r \cdot \frac{2}{3}s =$ _____ 7

6 **Dividiere.**

$6ab : 3 =$ _____ $15x : 5 =$ _____ $-10e^2 : 2 =$ _____ $5rs : 5 =$ _____

$17xy : 0,1 =$ _____ $-6st^2 : 10 =$ _____ $21cd : (-7) =$ _____ 8

7 **Stelle einen Term für den Umfang und für die Fläche auf.**

$U =$ _____

$A =$ _____

b

2a   c

2

8 **Vereinfache die Terme und berechne sie dann für die angegebenen Werte.**

a) $12 + 7x - 8 - 5x + 4 + x$ $x = -4$ b) $b^2 + 5b - 7b - 4b^2$ $b = 2$

_____   _____

_____   _____ 4

51

Terme mit Klammern

1 Schreibe ohne Klammer und fasse zusammen.

$2a + (6a - 4b) = $ _____

$5ab - (-2ab + b) = $ _____

$7bc + (2cb - b) - (-5b + bc) = $ _____

$(-3a - 6b) + (-9b + 4a) - (10a - 5a) = $ _____ $\boxed{6}$

2 Klammere aus.

$6ab + 7a = $ _____ $\quad x^3 - 4x = $ _____ $\quad 12b^2 - 24b = $ _____

$s^2 - s^3 + s = $ _____ $\quad 8a - 16a^3 + 8ab + 32a = $ _____ $\boxed{5}$

3 Multipliziere aus.

$3 \cdot (y - 4) = $ _____ $\quad 9x \cdot (6x + 3) = $ _____ $\quad -4 \cdot (z - 5) = $ _____

$x \cdot (x^3 - 1) = $ _____ $\quad 0{,}8a \cdot (3 - a) = $ _____ $\boxed{5}$

4 Vereinfache den Term.

$7 + 4a - 6a \cdot (7 - a) - 3a^2 + 20 = $ _____

_____ $\boxed{1}$

5 **Stelle einen Term auf.**

a) Subtrahiere 4 vom Doppelten einer Zahl und multipliziere die Differenz mit 2.

_____

b) Zur Hälfte einer Zahl wird 10 addiert und die Summe verdreifacht.

_____

c) Addiere zum Produkt aus b und $\frac{1}{4}$ die Summe aus -10 und x.

_____   3

6 **Der Fehlerteufel war am Werk. Bei welchen Termen wurden die Klammern falsch aufgelöst?**

	richtig	falsch
a) $-77 + (7a + 14) = -77 - 7a - 14$		
b) $49 - (22 - 4b) = 49 - 22 + 4b$		
c) $(-45 + a) - 6 \cdot (8 + a) = -45 + a - 48 - a$		
d) $7 \cdot (2a - 3b) - (4a - 23) = 14a - 21b - 4a + 23$		

3

★ **7** **Löse die Klammern auf und vereinfache.**

$y \cdot (4y - 12) - (6 - y^2) = $ _____

$x \cdot (-3 + x) - 7x + 2x \cdot (5 - 2x) = $ _____

$ab \cdot (11ab - 7ab - 2a^2) = $ _____   3

★ **8** **Berechne den Wert des Terms:** $6a^2 - (a + y^2) - y$ **für a = 4 und y = 5**

_____   1

    27 – 21 Punkte   20 – 14 Punkte    13 – 0 Punkte   Gesamt-punktzahl

Gleichungen aufstellen und lösen

1 Wie heißt die gesuchte Zahl? Schreibe wie im Beispiel vorgegeben.

a) Eine Zahl vermehrt um 6 ist 74.

Gleichung: $x + 6 = 74$ $x = 68$

b) Addiert man zum Doppelten einer Zahl 8, erhält man 38.

_____

c) Dividiert man eine Zahl durch 4, erhält man 15.

_____

d) Multipliziert man eine Zahl mit 47 und addiert 3, erhält man 238.

_____ | 3 |

2 Löse die Gleichungen.

a) $6x - 12 = 0$ $x =$ _____ $3x = 6$ $x =$ _____

b) $-2x - 2 = 4$ $x =$ _____ $x : 3 = -36$ $x =$ _____

c) $x + 6 = 74$ $x =$ _____ $y - 25 = 60$ $y =$ _____

d) $18 + m = 129$ $m =$ _____ $c + 96 = 106$ $c =$ _____

e) $c - 96 = 106$ $c =$ _____ $c + 106 = 96$ $c =$ _____ | 5 |

★ **3** Finde die Lösung durch Probieren. Trage wahr „w" oder falsch „f" ein.

x	$3 - 2 \cdot x = -5$	w/f
6	$3 - 2 \cdot 6 = -5$	f
4		
2		
0		
−2		

y	$2 \cdot y + 12 = 5 \cdot y$	w/f
1		
2		
3		
4		
5		

| 2 |

4 Sophie und Leonie sind zusammen 330 cm groß. Sophie ist 4 cm größer als Leonie.
Wie groß sind Sophie und Leonie?

Gleichung: _____

Ergebnis: _____ | 2 |

5 Michael hat das Alter von seinem Opa und seinem Vater addiert und 98 Jahre erhalten. Dabei ist der Opa 36 Jahre älter als Michaels Vater.
Wie alt sind Opa und Vater?

Gleichung: _____

Antwort: _____ | 3 |

6 Ordne die jeweilige Lösung zu. Verbinde mit einer Linie.

$7 \cdot y + 3 = 8 \cdot y$

$10 + y = 8 + 3 \cdot y$

$5 \cdot y - 4 = 4 \cdot y + 6$

$4 \cdot y + 5 = 38 + y$

$2y - 22 = 4y - 26$

$y - 0,5 = -2,5$

| $y = 2$ |
| $y = 10$ |
| $y = 3$ |
| $y = -2$ |
| $y = 11$ |
| $y = 1$ | | 6 |

7 Alexander kauft zum Sommerschlussverkauf ein Paar Socken und ein T-Shirt für zusammen 12,00 €. Die Socken sind 4 € billiger als das T-Shirt.
Wie viel kosten die Socken und wie viel das T-Shirt?

Gleichung: _____

Antwort: _____ | 3 |

   24 – 19 Punkte  18 – 13 Punkte  12 – 0 Punkte Gesamt- punktzahl

Gleichungen lösen durch Umformen

Beachte: Du musst immer auf **beiden** Seiten gleiche Terme (oder Zahlen) addieren oder subtrahieren oder mit gleichen Termen (oder Zahlen) multiplizieren oder dividieren.
Zum Schluss muss die **Variable** x auf einer Seite **allein** stehen.

1 Vervollständige das Beispiel.

$9x - 8 + 4x = 97 - 2x$ $\qquad$ | + 2x: auf beiden Seiten 2x addieren

$9x - 8 + 4x + 2x = 97 - 2x + 2x$ | Terme zusammenfassen

_____ $= 97$ $\qquad$ | + 8: auf beiden Seiten 8 addieren

_____ $+ 8 = 97 + 8$

$15x =$ _____ | : 15, auf beiden Seiten durch 15 dividieren

$15x : 15 =$ _____

$x =$ _____ $\boxed{2}$

2 Vervollständige die Umformung der Gleichung. Mache anschließend die Probe, indem du für x (und für z) die gefundene Lösung einsetzt.

a) $21x + 7 = 9x - 17$ $\quad$ | $- 9x$

_____ $= -17$ $\quad$ |

_____ $=$ _____ |

$x =$ _____

Probe: _____

_____

b) $3 - 4z = 3z - 4$ $\quad$ | $- 3z$

_____ $=$ _____ |

_____ $=$ _____ |

$z =$ _____

Probe: _____

_____ $\boxed{3}$

Kommen in einer Gleichung **Klammern** vor, werden diese zuerst mithilfe von **Term-Umformungen** aufgelöst.

③ An der Tafel stehen zwei Gleichungen. Vervollständige die Lösungen.

$11 - (81 + 4x) = 25x + (10 + 11x)$ $3 \cdot (5y + 4) \quad = 3y$

$11 - 81 \rule{1.5cm}{0.4pt} = \rule{3cm}{0.4pt}$ $15y + \rule{1.5cm}{0.4pt} = 3y$

$\quad -70 - 4x = \rule{3cm}{0.4pt}$ $\rule{3cm}{0.4pt} = \rule{1.5cm}{0.4pt}$

$\rule{1.5cm}{0.4pt} = \rule{3cm}{0.4pt}$

$\quad\quad x = \rule{1.5cm}{0.4pt}$ $y = \rule{1.5cm}{0.4pt}$ $\boxed{}\ \boxed{2}$

★ **④** Löse die Gleichungen.

a) $50 - (2x + 10) = 5 + 5x$

     $\rule{5cm}{0.4pt}$

     $\rule{5cm}{0.4pt}$

     $\rule{5cm}{0.4pt}$

     $\rule{5cm}{0.4pt}$

b) $8x = (4 - 2x) \cdot (-3)$

     $\rule{5cm}{0.4pt}$

     $\rule{5cm}{0.4pt}$

     $\rule{5cm}{0.4pt}$

     $\rule{5cm}{0.4pt}$

c) $10 \cdot (y - 2) = 56 - 12 \cdot (y - 1)$

     $\rule{5cm}{0.4pt}$

     $\rule{5cm}{0.4pt}$

     $\rule{5cm}{0.4pt}$

     $\rule{5cm}{0.4pt}$

d) $2 \cdot (-2 - a) = (6 + 3a) \cdot (-8)$

     $\rule{5cm}{0.4pt}$

     $\rule{5cm}{0.4pt}$

     $\rule{5cm}{0.4pt}$

     $\rule{5cm}{0.4pt}$ $\boxed{}\ \boxed{8}$

4

  15 – 11 Punkte  10 – 8 Punkte 7 – 0 Punkte   Gesamt-punktzahl

Textaufgaben

1 Eine Baugrube wird mit 80 m Absperrband in Form eines Rechtecks gesichert. Welche Abmessungen hat das Viereck, wenn es 10 m länger als breit ist? Schreibe zunächst die Formel für den Umfang eines Rechtecks auf und berechne.

U = _____

_____

_____   b

_____

                                            a

Antwort: _____   3

2 Konrad und seine Schwester Jenny sind zusammen 22 Jahre alt.
Konrad ist 4 Jahre älter als seine Schwester.
Wie alt sind die Geschwister?

_____

Jenny: _____   Konrad: _____   3

58

3 Georg sagt zu seinem Freund Max: „Ich denke mir eine Zahl und addiere 3 hinzu. Anschließend multipliziere ich das Ergebnis mit 5 und ziehe dann 10 wieder ab. Das Ergebnis lautet 55." Welche Zahl hat sich Georg gedacht? Stelle eine Gleichung mit Klammern auf.

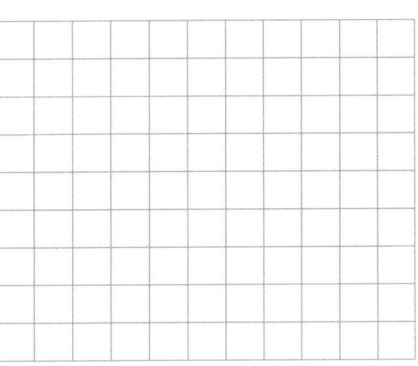

_____

_____

_____

Antwort: _____ ☐ 3

★ **4** Der Oberflächeninhalt einer quaderförmigen Schachtel beträgt 94 cm². Von zwei Kanten sind die Längen bekannt: a = 5 cm und b = 3 cm. Wie lang ist die dritte Kante?

_____

_____   Antwort: _____

_____   _____ ☐ 3

4

---

5 Die Spieler einer Fußballmannschaft gehen nach dem Training ins Kino. Sie bekommen jedoch nicht 11 Plätze nebeneinander, sondern nur noch 4 Karten in der teuren Preisklasse und 7 Karten in der um 1,50 € billigeren Preisklasse. Zusammen kosten die Karten 50 €. Wie teuer sind die Karten der beiden Preisklassen?

Antwort: _____ ☐ 3

 ☐    15 – 11 Punkte    10 – 8 Punkte    7 – 0 Punkte   ☐ Gesamt-punktzahl

Winkelsätze

Scheitelwinkel sind gleich groß.
Nebenwinkel ergänzen sich zu 180°.

1 Scheitel- und Nebenwinkel

a) Schreibe in ein Scheitelwinkel-
paar die Winkel α und β.

b) Schreibe in ein Nebenwinkel-
paar die Winkel α und β.

$\alpha = \beta$

$\alpha + \beta = 180°$  | 2 |

2 Berechne die Winkel β, γ und δ und begründe mit den entsprechenden
Winkelsätzen.

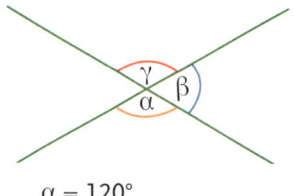

$\alpha = 120°$

Winkelart

$\beta = $ _____ _____

$\gamma = $ _____ _____ | 2 |

3 Berechne die Größe der übrigen Winkel.

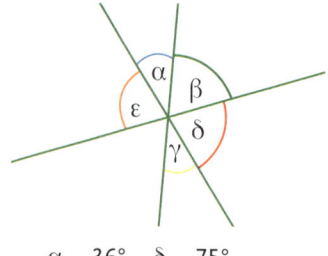

$\alpha = 36°$ $\delta = 75°$

Begründung:

$\varepsilon = $ _____ _____

$\gamma = $ _____ _____

$\beta = $ _____ _____ | 3 |

4 Berechne die Größe der Winkel β und γ und begründe.

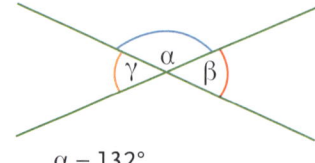

$\alpha = 132°$

$\beta = $ _____ _____

$\gamma = $ _____ _____ | 2 |

Stufenwinkel an geschnittenen Parallelen sind gleich groß.
Wechselwinkel an geschnittenen Parallelen sind gleich groß.

5 Stufen- und Wechselwinkel

a) Kennzeichne ein Stufenwinkel-
paar mit α und β.

g || h

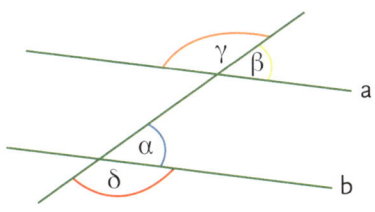

b) Kennzeichne ein Wechsel-
winkelpaar mit α und β.

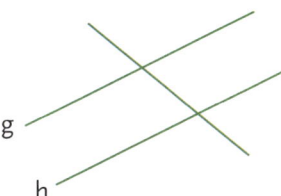

2

6 Die Geraden a und b sind parallel zueinander. Berechne die Winkel.

a)

b)

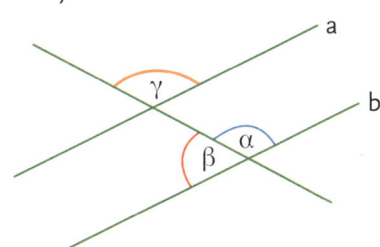

α = 43°   β = _____

γ = _____   δ = _____

α = 125°   β = _____

γ = _____

5

★ **7** Wie groß sind die Winkel α, β und γ? Berechne.

g || h

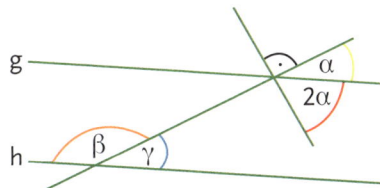

α = _____

2α = _____

β = _____

γ = _____

4

5

     20 – 16 Punkte  15 – 10 Punkte  9 – 0 Punkte  Gesamt-punktzahl

Winkelsumme im Dreieck

In jedem Dreieck beträgt die **Summe der Innenwinkel** 180°:
$\alpha + \beta + \gamma = 180°$

1 Beschrifte die Ecken und die Innenwinkel des Dreiecks mit den üblichen Buchstaben. Berechne jeweils den Winkel γ.

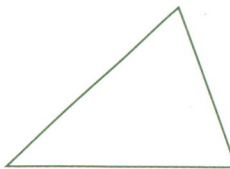

$45° + 89° + \gamma = 180°$ $\gamma = $ _____

$\alpha = 23°, \beta = 120°$ $\gamma = $ _____

[ ] 3

2 Setze in die Formel ein und berechne den Winkel.

a) $\alpha = 180° - (\beta + \gamma)$

$\beta = 66°$ $\gamma = 102°$

$\alpha = $ _____ = _____

b) $\beta = 180° - (\alpha + \gamma)$

$\alpha = 25°$ $\gamma = 97°$

$\beta = $ _____ = _____

[ ] 2

3 Wie groß sind die Winkel? Berechne und begründe deine Angaben.

a) $\alpha = $ _____   _____

$\delta = $ _____   _____

$\varepsilon = $ _____   _____

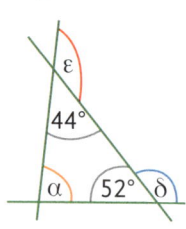

[ ] 5

b) $\gamma = 37°$

$\alpha = 86°$

$\beta = $ _____   _____

$\delta = $ _____   _____

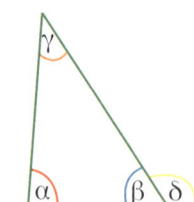

[ ] 2

—

4 Das Dreieck ABC ist gleichschenklig: $\overline{AC} = \overline{BC}$ und $\alpha = \beta$.

a) Berechne den Winkel γ.   Skizze:

$\alpha = 62°$ $\gamma =$ _____

$\beta = 34°$ $\gamma =$ _____

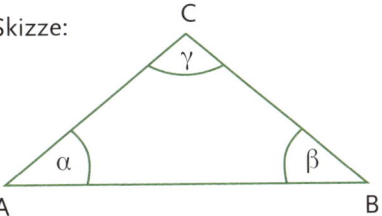

b) Warum gibt es hier kein Dreieck mit α oder $\beta = 100°$?

_____ | 3 |

5 Die Geraden g und h sind parallel zueinander. Berechne die Winkel α und γ.

$\gamma =$ _____

$\alpha =$ _____

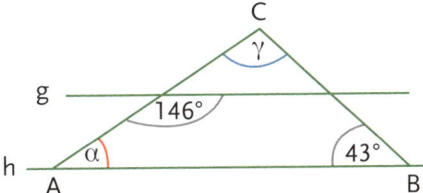

| 2 |

★ **6** Das Dreieck ABC ist gleichseitig. Die Geraden g und h sind parallel zueinander. Wie groß ist der Winkel δ? Berechne und begründe.

$\delta =$ _____

Begründung: _____

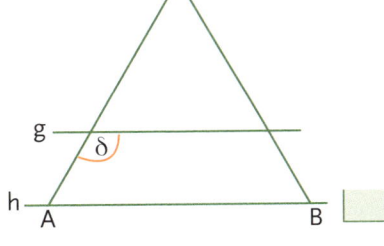

_____

| 2 |

7 Ein Dreieck ABC ist rechtwinklig mit $\gamma = 90°$. Berechne die Winkel.

a) $\alpha = 42°$ $\beta =$ ____   b) $\alpha = 35°$ $\beta =$ ____   c) $\alpha = 11°$ $\beta =$ ____

d) Nenne die Formel zur Berechnung des Winkels α. $\alpha =$ _____ | 4 | **63**

Autoren Reiner Böttcher und Edmund Wallis

Bibliografische Information der Deutschen Nationalbibliothek
Die Deutsche Nationalbibliothek verzeichnet diese Publikation in der
Deutschen Nationalbibliografie; detaillierte bibliografische Daten sind
im Internet über http://dnb.dnb.de abrufbar.

Das Wort **Duden** ist für den Verlag Bibliographisches Institut GmbH als Marke geschützt.

1. Auflage
© Duden 2013   J I H
Bibliographisches Institut GmbH
Mecklenburgische Straße 53 , 14197 Berlin

Redaktionelle Leitung Anika Donner
Redaktion Dr. Matthias Delbrück
Illustrationen Dorina Tessmann
Herstellung Ursula Fürst
Layout Horst Bachmann
Umschlaggestaltung 2issue, München
Umschlagillustration Dorina Tessmann
Satz Satzpunkt Ursula Ewert GmbH, Bayreuth
Druck und Bindung AZ Druck und Datentechnik GmbH,
Heisinger Straße 16, 87437 Kempten
Printed in Germany

ISBN 978-3-411-87143-8

www.duden.de